新编社会学系列教材

社会政策引论

郑文换 著

Social Policy
An Introduction

北京大学出版社
PEKING UNIVERSITY PRESS

图书在版编目(CIP)数据

社会政策引论/郑文换著.—北京:北京大学出版社,2016.8
(新编社会学系列教材)
ISBN 978-7-301-27705-8

Ⅰ.①社… Ⅱ.①郑… Ⅲ.①社会政策—高等学校—教材 Ⅳ.①C916

中国版本图书馆 CIP 数据核字(2016)第 263735 号

书　　　名	社会政策引论 SHEHUI ZHENGCE YINLUN
著作责任者	郑文换　著
责 任 编 辑	董郑芳（dzfpku@163.com）
标 准 书 号	ISBN 978-7-301-27705-8
出 版 发 行	北京大学出版社
地　　　址	北京市海淀区成府路 205 号　100871
网　　　址	http://www.pup.cn
新浪微博	@北京大学出版社　@未名社科-北大图书
电子信箱	ss@pup.pku.edu.cn
电　　　话	邮购部 62752015　发行部 62750672　编辑部 62753121
印 刷 者	三河市北燕印装有限公司
经 销 者	新华书店
	730 毫米×980 毫米　16 开本　15.75 印张　183 千字 2016 年 8 月第 1 版　2016 年 8 月第 1 次印刷
定　　　价	35.00 元

未经许可，不得以任何方式复制或抄袭本书之部分或全部内容。
版权所有，侵权必究
举报电话：010-62752024　电子信箱：fd@pup.pku.edu.cn
图书如有印装质量问题，请与出版部联系，电话：010-62756370

目　录

第一章　社会政策概述 …………………………………………（1）

　　第一节　社会政策的概念 ………………………………………（1）

　　第二节　社会保障的概念 ………………………………………（8）

　　本章小结 …………………………………………………………（18）

第二章　社会政策的历史 …………………………………………（20）

　　第一节　社会政策的历史背景 …………………………………（20）

　　第二节　社会政策的历史分期 …………………………………（27）

　　第三节　中国社会保障政策的变革 ……………………………（41）

　　本章小结 …………………………………………………………（45）

第三章　社会政策的原则 …………………………………………（46）

　　第一节　原则与价值 ……………………………………………（46）

　　第二节　平等、效率、需要、自由 ……………………………（50）

　　本章小结 …………………………………………………………（61）

第四章 社会政策的理论视角 （62）

第一节 社会政策系统与经济系统的关系 （62）
第二节 社会政策的研究视角 （66）
第三节 社会福利制度的类型 （76）
第四节 社会政策范式 （82）
本章小结 （87）

第五章 社会政策分析 （89）

第一节 政策制定 （90）
第二节 政策执行 （94）
第三节 政策内容 （104）
第四节 政策评估 （113）
第五节 中国的社会政策过程 （118）
本章小结 （126）

第六章 公共救助政策 （127）

第一节 贫困 （127）
第二节 公共救助政策 （140）
第三节 财税政策 （148）
第四节 社会住房政策 （155）
本章小结 （164）

第七章 社会保险政策 （165）

第一节 社会保险概述 （165）

第二节　养老保险、保障政策 …………………………（171）

　　第三节　老龄长期护理政策 ……………………………（186）

　　第四节　医疗保险、保障政策 …………………………（190）

　　第五节　失业保险政策 …………………………………（200）

　　第六节　工伤保险政策 …………………………………（205）

　　第七节　生育保险政策 …………………………………（209）

　　本章小结 …………………………………………………（211）

第八章　教育和劳动力市场政策 ………………………………（212）

　　第一节　教育政策 ………………………………………（212）

　　第二节　劳动力市场政策 ………………………………（220）

　　本章小结 …………………………………………………（229）

第九章　社会政策的未来 ………………………………………（230）

　　第一节　全球化与社会政策理念 ………………………（230）

　　第二节　全球化时代的社会政策 ………………………（237）

　　本章小结 …………………………………………………（243）

后　记 ……………………………………………………………（245）

第一章 社会政策概述

本章分为两节,第一节讨论社会政策的概念、社会政策的范围,第二节讨论作为社会政策重要组成部分的社会保障的定义、社会保障的类型、社会保障的基本模式、社会保障的功能等内容。

第一节 社会政策的概念

社会科学中的很多概念很难达成一个一致的意见,社会政策这一概念也是如此。那么,究竟什么是社会政策呢?

一、什么是社会政策

一般来说,我们可以从两个方面来理解社会政策。第一种理解认为社会政策是一种学术研究的主题;第二种理解认为社会政策是对现实世界的影响,政府、商业机构和志愿组织都可能有其政策,而这些政策都可能影响到每个家庭和社会成员。①

下面我们就来看看不同学者从不同的角度对社会政策的界定。

德国新历史学派学者瓦格纳认为社会政策是运用立法和行政的手

---

① 肯·布莱克默:《社会政策导论(第二版)》(王宏亮、朱红梅、张敏等译),中国人民大学出版社2009年版,第1页。

段，以争取公平为目的，清除分配过程中的各种弊害的国家政策。①

麦克贝思认为社会政策的中心问题介乎人们关心自我（利己）的活动与关心他人（利他）的活动之间。②

阿尔科克将社会政策定义为意在提升社会福祉的行动。③

蒂特马斯认为社会政策基本上是有关矛盾的政治目的和目标的抉择，以及它们的厘定过程。④

马歇尔认为"社会政策"并非是具有确切意义的专有名词……它指政府用以直接影响公民福利的政策，其行动是为公民提供服务或收入。其核心因而包括社会保险、公共救助、保健及福利服务、住房政策等。⑤

弗兰茨-克萨维尔·考夫曼认为社会政策指的是"社会的"政策，"社会的"（social）这个词的广泛传播特别地与卢梭的《社会契约论》有关，指的是作为不受政治控制的自由个体交往空间的"市民社会"的领域；后来"社会的"很快又被用作既相对于"政治的"也相对于"经济的"概念。⑥

希尔认为社会政策"主要被用来界定国家在它的公民福祉相关事宜中的角色"⑦，是社会控制动机和人道主义动机相结合的产物⑧。

日本社会政策学界多强调资本主义社会中劳动力的商品化及其地

---

① 白秀雄：《社会福利行政》，三民书局（台湾）1981年版，第95页。
② Richard M. Titmuss：《社会政策10讲》（江绍康译），商务印书馆（香港）1991年版，第16页。（作者蒂特斯也译为"蒂特姆斯"，本书采用"蒂特马斯"。）
③ Michael Hill, *Understanding Social Policy*, 7th ed. (Malden, Oxford: Blackwell Publishing, 2003), p. 1.
④ Richard M. Titmuss：《社会政策10讲》，第38页。
⑤ Trevor H. Marshall, *Social Policy* (London: Huntchinson & Co. Ltd., 1965), p. 7.
⑥ 弗兰茨-克萨维尔·考夫曼：《社会福利国家面临的挑战》（王学东译），商务印书馆2004年版，第33页。
⑦ Michael Hill, *Understanding Social Policy*, 7th ed., p. 1.
⑧ 迈克尔·希尔：《理解社会政策》（刘升华译），商务印书馆2005年版，第14页。

位，将社会政策主要视同劳动力政策。比如，木村敦认为，社会政策基本上指的是劳动力政策，是为了使资本主义生产体制维持、存在下去而由国家实施的劳动力保全对策。因此，劳动力价格规制（最低工资制度）和劳动力的消费量规制（工厂法）是基本的社会政策。①

中国学者李秉勤、贡森认为，社会政策的概念一般有三个含义：（1）政府用于福利和社会保护的政策，特别是有关教育、医疗卫生、生活保障和住房的政策。（2）福利在一个社会中发展的方式。这一含义比（1）更为广泛，大大超出了政府行为的范畴，包括福利的提出、形成和发展在内的诸多社会及经济条件。（3）针对上述主题的学术研究。② 关信平认为，社会政策是在某种社会价值的指导下，为达到某种社会性的目标而采取的社会性行动的总和。③

上述学者对社会政策的定义多突出了两点：一是社会政策是有关公民福利的事情，二是政府在提升公民福利过程中发挥着重要作用。的确，无论从学术研究主题来看还是从社会实践来看，社会政策关乎公民福利的提高与否。但是，需要注意的是，社会福利的提供主体并不仅仅只有政府，还有很多其他类型的主体，比如市场、社区、家庭以及非营利机构等第三部门。

二、社会政策的领域

为了进一步使社会政策的概念清晰起来，我们现在来了解一下社会政策的领域。

---

① 木村敦『社会政策と「社会保障　社会福祉」―対象課題と制度体系―』（学文社、二〇一一）、八ページ。
② 李秉勤、贡森：《〈社会政策译丛〉出版说明》，载保罗·皮尔逊编：《福利制度的新政治学》（汪淳波、苗正民译），商务印书馆2002年版，第1页。
③ 关信平主编：《社会政策概论（第三版）》，高等教育出版社2014年版，第11页。

不同国家对社会政策领域的界定大不相同，有的国家界定较窄，比如德国将社会政策领域界定为"社会保险以及劳动立法"①，有的国家界定较宽，比如韩国将环境政策、交通政策、文化政策也包含进广义的社会政策领域。社会政策的教科书最初多将注意力放在五个关键领域——健康（医疗卫生）、教育、收入保障、住房和社会服务，后随着经济政策与社会政策之间的协调发展关系越来越受重视，另外两个领域——税收政策与劳动力市场政策，也被包括进社会政策领域里来。国防政策、外交政策、治安政策、农业政策以及产业政策等公共政策虽然也关系公民福利，但一般不将其视为社会政策。社会政策的领域范围的划分可参见图1-1。

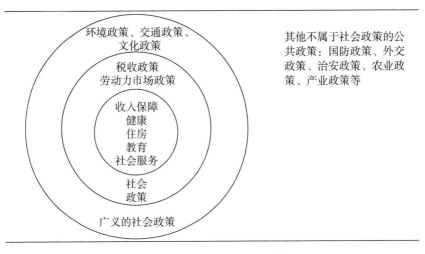

图1-1　社会政策的领域②

---

① Jens Alber, "Germany: Historical Synopsis," in Peter Flora ed., *Growth to Limits: The Western European Welfare States Since World War Ⅱ*, Volume 2: Germany, United Kingdom, Ireland, Italy (Berlin and New York: Walter De Gruyter, 1986), pp. 4-15.

② 该图参照了김태성对社会福利政策领域的划分，与图1-1不同，김태성将收入保障、健康、住房、教育、社会福利服务归类为五大社会福利政策，而将上述五大社会福利政策加上税收政策和劳动力市场政策的七类政策归类为广义的社会福利政策（김태성（2003），『사회복지정책입문』，청목출판사）。

三、社会政策学

社会政策学是关于人类福利的研究，更具体地说，社会政策学研究的是人类福利所必需的社会关系以及能够增进福利的体制。①

在以社会政策研究为己业的学者中，有人认为社会政策研究有自己独特的研究对象、有研究共同体的存在，也已形成本学科的理论和研究方法，应该说已经成为独立的学科。但同时也有人认为社会政策似乎和经济学、哲学、政治学、社会学这样的传统学科没有清晰的边界，就像一只没有自己的窝的饶舌的喜鹊，因此仅将社会政策视为一个多学科共同关注的研究领域。在英国，社会政策已经被视为一个独立的学科，在欧洲其他国家，社会政策则更多地被放在政治学、社会学或者公共行政等专业中，而在美国，社会福利和社会政策研究经常与社会工作教育相联系。② 本部分将回顾政策研究成为学科的历史背景，简单讨论社会政策与公共政策、社会行政及其他学科的关系。

（一）政策研究成为学科

20世纪50年代到60年代早期，美国出现了促进政策研究的三大因素：一是联邦法院需要社会科学证据来处理诸如种族偏见、智力测验和特殊教育等高度正义的议题；二是联邦政府广泛采用理性计划技术；三是广泛采用项目评估技术，尤其是回应联邦政府在教育和健康照顾领域里的倡议。1951年勒纳（Lerner）和拉斯韦尔（Lasswell）的《政策科学》（*The Policy Sciences*）一书出版，1980年内格尔（Nagel）的《政策研究手册》（*The Policy-Studies Handbook*）出版，一般认为经过这三

---

① 哈特利·迪安：《社会政策学十讲》（岳经纶、温卓毅、庄文嘉译），格致出版社、上海人民出版社2009年版，第1页。
② 肯·布莱克默：《社会政策导论（第二版）》，第3、11页。

十年的发展，政策成为独立学科。①

(二) 社会政策与其他学科的关系

社会政策是由政府或社会上适当的组织做出决定并对社会生活实施的一种干预、介入或者调节，因此，社会政策与公共政策、社会福利政策、社会行政甚至其他学科的研究领域有所重叠，需要对它们之间的关系进行简单梳理。

1. 社会政策与公共政策的关系

社会政策与公共政策的区别往往首先来自人们对社会与公共这二者所做的区分。从社会契约论的理路出发，公共的即社会赋予的，所以公共政策是社会政策，如部分美国学者认为社会政策的涵盖范围较公共政策更广；但从国家—社会两分的角度看，公共政策指的是政府选择去做或不去做的任何事②，所以无论是社会政策还是公共政策，政府均为重要的政策主体，社会政策仅是公共政策中的一个专题领域。此外，从强调"社会的"政策的意味上看，与公共政策不同，社会政策的主体除了政府还包括其他行为主体。因此，从不同的概念框架出发，对两者关系的看法大不相同。

2. 社会政策与社会福利政策

比起与公共政策的关系，社会政策与社会福利政策的重叠度更高。一般来说，事关人类福利的事宜是社会政策的核心议题，所以在有些国家，比如韩国，社会政策往往又被称为社会福利政策，其所指相当于多

---

① Douglas E. Mitchell, "Educational Policy Analysis: The State of the Art," *Educational Administration Quarterly*, Vol. 20, No. 3, 1984, pp. 129-160.

② Thomas R. Dye, *Understanding Public Policy*, 12th ed. (New Jersey: Pearson Prentice Hall, 2008), p. 1.

数欧洲国家使用的社会政策这一术语。然而,这好像带来了进一步的混乱不清,如诺曼·巴里所言,对于福利,"尽管也许存在某种最小程度的共识,认为正是这个概念描述了幸福、满足、救济,但是,在此共识之外,我们进入了一个几乎无法解决的争议领域"①。社会福利这一概念也有狭义和广义之分,比如在美国及中国,"社会福利"这一术语主要是在较窄的意义上使用,指的是公共救助等政策范围,而在欧洲及韩国,社会福利政策的适用范围较中美两国更广泛。在学界,社会政策与社会福利政策有时候互换使用。

3. 社会政策与社会行政的关系

"社会行政"是一个与"福利国家"联系非常紧密的术语。在第二次世界大战后的福利共识时代,社会福利领域的焦点放在怎样发展服务递送体系(delivery system)方面。在这一背景下,蒂特马斯认为,"社会政策"与"社会行政"时常被混淆,就像人们分不清目的和手段一样。尽管经常被混用,蒂特马斯仍对两者做出区分,认为社会政策基本上是有关矛盾的政治目的和目标的抉择以及它们的厘定过程,而社会行政旨在研究各种提供"社会服务"的人类组织和正规结构(以及它们之间的抉择)。蒂特马斯是在传统的政治—行政两分的观点下对政策与行政两者尽量做出了区分,但需要注意的是,现在政治和行政已不再如此截然两分。

4. 社会政策与其他学科的关系

社会政策与政治学、社会学、经济学、行政管理学等学科也密不可分,蒂特马斯和希尔就社会政策与其他学科的关系曾做如下论述:

---

① 诺曼·巴里:《福利》(储建国译),吉林人民出版社2005年版,第17页。

可以清楚地肯定：社会政策的研究决不能独立于对社会的整体研究之外；我们要研究社会、经济和政治等各方面。研究社会政策的基础知识要包括：人口变迁——它的过去与现在，以及对未来的预测；家庭制度与妇女地位；社会分层与阶级、世袭阶级、地位和流动等概念，社会变迁和工业化的后果，城市化和社会状况；政治结构；工作伦理与工业关系的社会学；少数民族与种族偏见；社会控制、服从、越轨行为和维持政治现状的应用社会学等。①

理解社会政策必须关注社会政策需要的社会条件和经济条件，因此需要借助于经济学和社会学去理解发生的一切；同时，理解这些问题的历史层面也是很有必要的，政策还是政治的产物，因此必须关注政治家、公务员、压力群体以及选民在政策形成方面所起的作用；另外，社会政策还涉及政策实施，因此需要组织理论和行政学知识。②

由此可见，社会政策是一门交叉学科或者说是一门跨学科，其他学科领域的知识和方法是滋养社会政策研究发展的有机养分。

第二节　社会保障的概念

社会保障是社会政策的主体组成部分，主要指的是由社会上适当的组织通过某种方式（如税收、缴费等）筹措资源，来应对社会成员自身甚至连同其亲属也无力解决的各种社会风险，使之免于贫困的计划或

---

① Richard M. Titmuss：《社会政策10讲》，第3页。
② 迈克尔·希尔：《理解社会政策》，第22—23页。

项目。社会保障往往强调满足社会成员在物质经济方面的需要。本节将介绍社会保障的定义、社会保障的类型、社会保障的基本模式以及社会保障的功能。

一、社会保障的定义

"社会保障"（social security）这一术语据称首次正式出现于1935年美国的《社会保障法》（Social Security Act），该法作为罗斯福新政的一环，目的是应对1929—1933年的经济大危机。随后，该词汇逐渐普及，1938年见于新西兰制定的《社会保障法》，1941年出现在《大西洋宪章》中，1942年出现在《贝弗里奇报告》中，1948年出现在联合国《世界人权宣言》中，第二次世界大战后出现在日本。虽然社会保障现在已经成为一个常用语，但是，因为各个国家发展的独特经验，对于社会保障的定义及范围很难形成一致的意见。下面我们将分别介绍国际劳工组织、英国、美国、日本和韩国对社会保障的定义。

国际劳工组织将社会保障界定为"一个社会向个人和家庭提供的保护，尤其在其老龄、失业、疾病、残疾、工伤、孕产或者失去养家糊口的人的情况下，确保其能接受健康照顾以及获得收入保障"[1]。

英国社会保障指的是包括"收入支持"方面的所有体系，即缴费制给付、国家要求雇主支付的给付、社会津贴（儿童或残疾人）、公共救助以及财税福利。[2]

在美国，社会保障这一术语的范围更窄，指的是向因年老、残疾而具有生存风险的人及因家长死亡带来生存等问题的遗属提供经济上的保

---

[1] *The Right to Social Security in the Constitutions of the World: Broadening the Moral and Legal Space for Social Justice*, ILO Global Study, 2016, p.2.

[2] 迈克尔·希尔：《理解社会政策》，第140—141页。

障的社会保险项目，即老龄、遗属、残疾年金（OASDI: Old Age, Survivors, and Disability Insurance）。① 美国社会保障署将社会保障定义为涉及根据政府法规而建立的各种方案（或制度），为个人在谋生能力中断或丧失时，以及个人因结婚、生育或死亡而需要某些特殊开支时提供保障，也包括发给家庭用以抚养子女的家属津贴。②

在日本，社会保障有狭义和广义之分。狭义的社会保障不仅包括社会性收入保障，还包括医疗保障及福利服务保障，由社会保险、公共救助、公共卫生、社会福利、老人保健（高龄者医疗制度）五大制度组成；广义的社会保障在狭义社会保障范围的基础上，增加了抚恤金及战争牺牲者援助。③ 田多英范认为日本社会保障范围包括失业保险、工伤保险、医疗保险、养老保险以及家庭津贴、公共救助和社会福利。④

根据韩国《社会保障基本法》（2015年12月修订案），韩国的社会保障指的是为保护全体公民脱离生育、抚养、失业、老龄、残疾、疾病、贫困、死亡等社会风险，提升公民生活品质，确保收入与服务的过程中所需要的社会保险、公共救助、社会服务等。

目前我国尚未制定社会保障法，田小宝等人将中国社会保障的范围界定为社会保险、社会福利、社会优抚、社会救济⑤，其中社会保险包

---

① 除了OASDI之外，美国社会保险还包括HI（health insurance, 1966）、UI（unemployment insurance, 1935）、WC（worker's compensation, 1911-1948）。

② 美国社会保障署：《全球社会保障制度》（魏新武、李鸣善译），华夏出版社1989年版，第4页。美国社会保障署1995年的定义也与此类似，参见美国社会保障署：《全球社会保障：1995》（朱传一译），华夏出版社1996年版，第1页。

③ 一圓光弥編著『社会保障概説（第三版）』（誠信書房、二〇一四）、十九ページ。

④ 社会福利包括《社会福祉事业法》（1951）、《儿童福祉法》（1947—1948）、《母子及寡妇福祉法》（1964）、《母子保健法》（1965—1966）、《老人福祉法》（1963）、《残疾人对策基本法》（1970）、《残疾人福祉法》（1949—1950）、《精神薄弱者福祉法》（1960）。田多英範『現代日本社会保障論』（光生館、一九九四）、一四三ページ。

⑤ 田小宝等：《中国社会保障》，五洲传播出版社2006年版，第6页。

括养老保险、失业保险、医疗保险、工伤保险和生育保险,社会福利包括老年人社会福利、儿童社会福利和残疾人社会福利,优抚安置主要指的是针对军人的优抚安置制度。其他有关社会保障方面的内容多散见于宪法以及其他指导性文件中。①

总的来说,社会保障是为了应对人们生活中的风险(年老、疾病、工伤、失业等)或困境,依法提供规定的社会给付(现金、现物、服务)的社会制度或社会机制。需要指出的是,在社会政策领域,社会保障有时候与社会保护互换使用,但两者还是有些不同,社会保护有时候比社会保障具有更广泛的含义,比如它还包括家庭成员之间以及本地社区成员之间互相提供的保护,或者有时候被狭义地理解为仅对最贫困或者是被社会排斥的群体所采取的举措。② 全球社会保障制度的发展情况如表1-1所示。

表1-1 1940—1995年全球社会保障制度的发展情况

项目类型	1940	1949	1958	1967	1977	1985	1995
任何类型的项目	57	58	80	120	129	145	165
老年、残疾与遗属	33	44	58	92	114	135	158
疾病与生育	24	36	59	65	72	84	105
工伤	57	57	77	117	129	136	159

---

① 《中华人民共和国宪法》规定:"中华人民共和国公民在年老、疾病或者丧失劳动能力的情况下,有从国家和社会获得物质帮助的权利。"1993年11月党的十四届三中全会对社会保障六位一体的表述为:社会保障体系包括社会保险、社会救济、社会福利、优抚安置和社会互助、个人储蓄积累保障。2006年10月党的十六届六中全会对社会保障四位一体的表述为:逐步建立社会保险、社会救助、社会福利、慈善事业相衔接的覆盖城乡居民的社会保障体系。2007年10月党的十七大报告相关表述为:要以社会保险、社会救助、社会福利为基础,以基本养老、基本医疗、最低生活保障制度为重点,以慈善事业、商业保险为补充,加快完善社会保障体系。

② 国际劳工局:《世界社会保障报告(2010—2011)——危机期间和后危机时代的社会保障覆盖》(人力资源和社会保障部社会保障研究所组织翻译),中国劳动社会保障出版社2011年版,第15页。

续表

项目类型	1940	1949	1958	1967	1977	1985	1995
失业	21	22	26	34	38	40	63
家属津贴	7	27	38	62	65	63	81

资料来源：美国社会保障署：《全球社会保障：1995》（朱传一译），华夏出版社1996年版，第30页。表格内容略有调整。

二、社会保障的类型

根据上述国际劳工组织和一些国家对社会保障的定义，我们可以将社会保障的类型大体划分为四类：公共救助（public assistance）、社会保险（social insurance）、社会津贴（demogrant）和社会服务（social service）。①

（一）公共救助

公共救助是历史最为久远的保障方式，主要是针对社会上的贫困群体由国家财政出资实施的一种事后救济，以保障困难群体维持最低限度的生活，贫困群体往往需要通过家计审查（means test）来获得救助资格。西方历史上的《济贫法》以及我国的最低生活保障制度就是典型的公共救助制度。

（二）社会保险

社会保险是以德国俾斯麦时期出台的三大社会保险即1883年的养老保险、1884年的疾病保险以及1889年的工伤保险为开端。社会保险

---

① 吉尔伯特和特勒尔将现代社会政策分成了三大领域，即社会保障（针对工作人口、退休者及其家庭和受赠养者的疾病、失业、残障、退休、丧偶等社会保险计划）、公共救助（针对穷人和弱势群体的现金救济和社会服务）及基本服务（针对广大公民的教育、健康护理、住房、营养）政策领域。Neil Gilbert等：《社会福利政策导论》（黄晨曦、周烨、刘红译），华东理工大学出版社2003年版，第58页。

指的依据国家立法,由社会中的适当组织根据保险精算的原理,强制社会成员参与缴费/税形成保险基金,来应对社会成员面临的年老、疾病、失业、工伤等风险的制度安排。社会保险的目的是分散风险以及维持风险发生时收入水平的适当性。我国目前有养老、医疗、失业、工伤和生育五大社会保险。

(三)社会津贴

社会津贴可以说是社会保障政策中最发达的类型,是普惠性项目。一般来说,只要是一国之公民,符合一定的人口学特征(如老人、儿童、残疾人等),不论其收入水平、缴费与否,均可以得到国家以税收为筹资来源的给付,如某些西方国家针对国内所有老年人的津贴以及针对儿童的津贴即是社会津贴。[①]

(四)社会服务

社会服务也被称为人类服务(human service),指的是向需要社会援助的个别人口群体提供的非物质性服务,一般是由具备专业知识和技术的社会福利专业人员来提供,目的是使社会弱势群体回归正常的社会生活,资源多来自政府的一般预算。社会服务的分类方式之一是依据人口学上的特征来决定,包括老年人、残疾人、精神疾病患者、学习障碍者以及儿童;另一种分类方式是根据服务的种类来决定,如院舍照顾、日托、入户服务以及实地工作。[②] 香港社会服务联会的社会服务包括老年服务(elderly service)、儿童青少年服务(children and youth service)、家庭及社区服务(family and community service)以及康复服务(rehabil-

---

[①] 为了解决因向富裕老人支付社会津贴而带来的社会不平等以及财政压力,政府往往通过征税的方式从富裕的老人手里将钱再收回来。

[②] 迈克尔·希尔:《理解社会政策》,第206—207页。

itation service）。① 澳大利亚社会服务部的业务范围包括家庭和儿童、住房支持、年长者（seniors）社区和脆弱人群、残疾人和护理者、老龄化及老龄护理（ageing and aged care）、女性保障、精神健康、定居和多元文化事务（settlement and multicultural affairs）等。②

三、社会保障体系的基本模式

一国的各种类型的社会保障制度依据一定的原则组织成社会保障体系。一般来说，目前国际上社会保障体系大体有三种模式：以基础保障为中心的社会保障体系模式、以社会保险为中心的社会保障体系模式以及以强制性自我保障为中心的社会保障体系模式。

（一）以基础保障为中心的社会保障体系模式

以基础保障为中心的社会保障体系模式的主要特点是将社会保障理解为公共服务的一部分，社会保障就像其他公共服务（如下水道、电、公园等）一样，面向全体公民提供最基本的普适性的水平统一的给付，所需资金多为国家的一般预算以及公民的均等缴费（flat-rate）。该模式多秉持国家最低保障（national minimum）的理念，将社会保障视为全体公民的权利，多由政府管理运作。该模式以新西兰1938年的《社会保障法》和《贝弗里奇报告》中设计的社会保障体系为原型。

（二）以社会保险为中心的社会保障体系模式

以社会保险为中心的社会保障体系模式的主要特点是该体系中社会保险项目所占比重大，受惠者是义务加入保险项目的参保人，筹资由劳资双方共同负担以及国家的补助构成，其中参保人缴纳的保费占其收入

---

① http://www.hkcss.org.hk/e/business1.asp，访问日期：2015年11月7日。
② https://www.dss.gov.au/our-responsibilities，访问日期：2015年11月7日。

某一限额的一定比例。该模式秉持的理念是利用社会保险机制来分散风险并维持受惠者生涯收入的稳定,其管理运作多依据劳资协议实行半民营化运作。该模式以源自俾斯麦时期的德国社会保障体系为其原型,后为许多国家所采用。表1-2是采用该模式的日本社会保障制度体系。

表1-2 日本社会保障制度体系

广义的社会保障	狭义的社会保障	社会保险	a. 医疗保险:包括职业型医疗保险和地域型医疗保险 b. 养老保险:包括国民年金、厚生年金和各种共济年金等 c. 失业保险:一般的失业保险与船员失业保险 d. 灾害补偿:一般的灾害保险、船员灾害补偿与国家公务员灾害补偿等 e. 介护保险
		社会救济	对贫困家庭和个人的经济救助
		社会福利	与残疾人、老人、儿童及母子单亲家庭相关的福利
		公共卫生、医疗	结核病、精神病、毒品、传染病、下水道、垃圾处理
		老人保健	老人医疗等
	军人优抚		
	战争受害者救助		战时牺牲者家属年金

资料来源:周燕飞:《日本的社会保障制度简介》,日本国立社会保障人口问题研究所2002年版,http://119.90.25.45/www.ipss.go.jp/s-info/j/c_ ver_ j/chinesevSS J2002.pdf,访问日期:2016年5月20日。表格内容略有调整。

(三) 以强制性自我保障为中心的社会保障体系模式

以强制性自我保障为中心的社会保障体系模式的主要特点是国家通过强制储蓄等制度安排要求公民自己及其家庭应对将来可能发生的风险,筹资多来自劳资双方按工薪收入的一定比例缴费形成的基金,国家多给予税收优惠并在支付方面最终担保。该模式秉持"自存自用、自利自保"的理念,因此,阶层间的再分配效果不明显,其管理运作(如公积金的提取、使用、转让和继承等)由国家立法保护。该模式以新加坡的中央公积金制度为其原型,详见表1-3。

表1-3 新加坡中央公积金制度体系

退休保障	医疗保障	住房保障	家庭保障
公积金提取计划	医疗储蓄计划	公共组屋计划	家属保护计划
最低存款计划	自雇人员医疗储蓄计划	居住类财产计划	家庭保护计划
填补最低存款计划	健保双全计划	非居住类财产计划	
	医疗基金	多样性财产计划	

资料来源:贾洪波、穆怀中:《新加坡中央公积金制度改革评析》,《北京交通大学学报(社会科学版)》2009年第4期。

如表1-3所示,新加坡中央公积金保障项目可以分为四大类,即退休保障、医疗保障、住房保障和家庭保障,在这四大保障项目之下又可以分为若干个子项目。

四、社会保障的功能

社会保障的功能主要体现在三个方面:生活保护的功能、生产性功能、社会及政治性功能。[①]

(一)生活保护的功能

因社会的(低工资、高物价、经济结构调整导致的失业等)、自然的(自然灾害等)和个人的(家长死亡、离婚、年老、疾病、家庭暴力、赌博、吸毒、酗酒等)因素,人们在生活中总会面临各种各样导致经济上不稳定的风险,因此,无论是互惠、慈善、博爱、救助等传统的帮扶行为,还是现代意义上的公共救助、社会保险、社会津贴以及社

---

① 一圆光弥将社会保障的功能分为四种:保障最低生活、稳定生活、社会整合、收入再分配和经济的稳定及增长,参见一圆光弥编著『社会保障概説(第三版)』、十九ページ;김태성和김진수将社会保障的功能分为保护功能、收入再分配功能、生产性功能和社会政治性功能,参见김태성·김진수(2013),『사회보장론(제4판)』,청목출판사.

会服务等各种事前、事后的制度安排，其重要目的之一即保护人们的生活不受疾病、年老、失业等风险导致的经济上的长、短期困窘的折磨，维持人之为人的尊严，使其生活能够保持在一定经济水平之上。

（二）生产性功能

传统社会依靠大家庭、邻里、宗教团体等民间层次上的帮扶体系来解决生活中遇到的生计困难，但随着工业化进展，上述民间体系逐渐解体，救助功能逐渐弱化，通过民间力量无法再应对伴随市场机制衍生而来的生计艰难。在一个原子化的陌生人社会里，社会保障体系成为市场经济体制良好运行的必要条件，因而具有生产性功能。简单来说，生产性功能体现在两方面：一是劳动力的生产与再生产，二是社会保障通过逆经济周期支出会平滑经济运行。社会保障体系会通过最低工资待遇、失业保险等制度向商品化劳动力提供生产和再生产所需要的基本经济保障。同时，从宏观经济学角度分析，社会保障体系通过再分配等收入转移支付在国家的经济运行中发挥"稳定器"的作用：在经济萧条时期，社会保障支出增加，会刺激社会需求增长，有利于经济的早日复苏；在经济繁荣时期，社会保障支出增加缓慢，而其收入增加迅速，可以适当降低社会的有效需求。

（三）社会及政治性功能

"在全世界所有经济富裕的民主国家中，福利制度位于政治争论和社会冲突的中心"[①]，归根结底，承担起一国公民的社会保障责任是政府合法性的重要来源。在市场经济体系中，劳动力的价值非常不同，社会成员之间的利害关系也是分裂的，而社会保障体系能够软化这种分

---

① 保罗·皮尔逊：《简介：世纪之末探福利》，载保罗·皮尔逊编：《福利制度的新政治学》，第6页。

裂，创造社会阶层间团结的框架。鲍德温认为社会保障体系通过重新分摊风险和不幸的成本来平等对待每位社会成员。① 同时，社会保障体系还会缓冲资产阶级和劳工阶级之间的阶级性分裂从而维持政治的稳定和社会矛盾的去激进化效果。此外，社会保障体系还是国家建设（state-building）的重要手段，如新加坡在建国时期就曾将社会保障制度作为凝聚、整合社会成员的重要机制。

因此，无论从个人生存角度还是从整体的社会生活角度，社会保障都是不可替代的经济、社会和政治的"稳定器"，它是消除贫困、预防贫困的重要机制，能把收入分配不公控制在可接受的水平，能提升人力资本含量和提高劳动生产率，是社会经济可持续发展的一项前提条件及影响因素，也是构建现代民主国家和社会的重要因素。②

本章小结

本章主要内容包括社会政策的定义、领域，社会保障的定义、类型、功能以及社会保障体系的基本模式。

第一，社会政策事关一国公民的福利，政府在福利事宜中发挥重要作用。社会政策的领域包括健康政策、教育政策、社会保障政策、住房政策、社会服务政策、税收政策、劳动力市场政策等。

第二，社会保障是为了应对人们生活中的风险（年老、疾病、工伤、失业等）或困境，依法提供规定的社会给付（现金、现物、服务

---

① Peter Baldwin, *The Politics of Social Solidarity: Class Bases of the European Welfare State 1875-1975* (New York: Cambridge University Press, 1992), pp. 1, 18, 30-31.

② 国际劳工局：《世界社会保障报告（2010—2011）——危机期间和后危机时代的社会保障覆盖》，第7—8页。

等）的社会制度或社会机制。社会保障的类型包括公共救助、社会保险、社会津贴以及社会服务。社会保障的功能包括生活保护的功能、生产性功能、社会及政治性功能。

第三，社会保障体系的基本模式可分为三种：以基础保障为中心的社会保障体系模式、以社会保险为中心的社会保障体系模式和以强制性自我保障为中心的社会保障体系模式。

第二章　社会政策的历史

要想真正理解社会政策，研究历史是不可替代的。这一章我们将概述社会政策的历史演变过程。第一节论述社会政策产生的历史背景，第二节论述社会政策的历史分期，第三节简略论述中国社会保障政策的变革。

第一节　社会政策的历史背景

社会政策指的是"社会的"政策，也就是说，我们想要理解社会政策，就需要在与"经济的"和"政治的"概念相分化的过程中去理解，这一分化往往会追溯到社会的现代化进程和（民族）国家的形成过程中。在这一过程中，社会福利的目的逐渐从前现代社会的维持社会稳定转到促进公民权利的伸张上。

一、社会政策的起点争论

一般认为，社会政策始自西方传统社会向现代社会转型的进程之中，这一点没有大的异议。但是，对于第一部社会政策立法的争议就比较大，有的学者认为社会政策起源于19世纪七八十年代德国俾斯麦时期出台的三大社会保险，还有学者认为是始自英国1802年的《工厂法》，而社会政策的多数教科书在论及社会政策的历史时是从1601年英国伊丽莎白时期的《济贫法》(The Poor Law)(史称"旧济贫法")开始。

持第一种观点的学者,如克里斯托弗·皮尔逊(Christopher Pierson),强调社会保险政策的出现以及公民权的扩大,吉尔伯特和特勒尔也将社会政策的发端定于19世纪80年代。[①] 持第二种观点的学者,如日本学者小川喜一,强调了对工业化进程中的产业工人的保护或者说劳动力的保全,认为《工厂法》具有镇压和保护的两面性。[②] 多数教科书则往往从1601年的《济贫法》开始论述,英国学者布莱克默认为"《济贫法》实际上就是最早的社会政策"[③]。虽然旧济贫法的目的始于对流浪贫民的管制,防止由于封建制度瓦解所导致的大规模的社会失序,而不同于后来社会政策所具有的公民权利(citizenship)的规范性质,但鉴于自16世纪以来,西方社会已经发生了深刻的社会变化[④],所以,本书也将从1601年的《济贫法》开始谈起。

二、社会政策与现代化

无论是传统的将社会政策视为对工业革命引发的社会问题的矫正的观点,还是现阶段将社会政策视为与经济体系、政治体系内在构成性地联结为一体的观点,两者均将社会政策视为现代化进程的衍生物。

[①] Christopher Pierson, *Beyond the Welfare State? The New Political Economy of Welfare* (Cambridge: Polity Press, 1998), p. 103; Neil Gilbert 等:《社会福利政策导论》,第42页。

[②] 小川喜一编『社会政策の歴史』(有斐閣、一九七七)、一~三ページ。除此之外,还有诸如大河内、武川正吾等日本学者也持类似观点,详见武川正吾:《福利国家的社会学:全球化、个体化与社会政策》(李莲花、李永晶、朱珉译),商务印书馆2011年版,第19—20页。持这种观点的学者更强调对劳动力的保护措施。

[③] 肯·布莱克默:《社会政策导论(第二版)》,第33页;迈克尔·希尔:《理解社会政策》,第28页。

[④] 约翰·巴克勒、贝内特·希尔、约翰·麦凯:《西方社会史》第二卷(霍文利等译),广西师范大学出版社2005年版,第253—254页。

(一) 社会政策与工业革命

学界对于社会政策的讨论往往从传统社会向现代社会转型的过程中产生的大量社会问题开始。在传统社会里，人们自然而然会形成某些对弱势成员或某种重大危险的救济、帮扶、共济的方式。一般来说，传统的帮扶方式包括互助、慈善、储蓄、国家救济、共济组织和商业保险。互助指的是社群成员之间在困难处境中的彼此帮助，即我困难的时候你帮我，你困难的时候我帮你。互助虽然可能有一定的时间间隔，但帮助的方向是双向的。慈善一般指的是富有者基于同情、慈悲等宗教或人道主义理念对贫穷者的救济，慈善的方向往往是单向的。储蓄指的是对财物或货币的积累，以备不时之需。国家救济指的是在传统社会中遭遇洪涝、干旱、地震、蝗虫等灾害导致的饥荒时国家对饥民的救助，传统社会的国家救济往往具有维持公共秩序、防范社会不稳等目的。共济组织指的是社会某一行业、团体中的成员为应对某些重大事件或防备特定的偶然事故，通过缴纳一定的费用形成共同的预备金，当有缴费者遭遇规定的事件或风险时，就可以从预备金中获取资金渡过难关的民间制度。例如中世纪欧洲的行业协会针对伤残或失业等风险形成的共济组织。商业保险指的是当事人为保证财产安全或应对某种风险，与保险机构订立保险合同并根据合同约定向保险机构支付保险费，保险机构根据合同约定承担赔偿责任的民事制度。

工业革命导致了传统共同体的解体，大批民众从农村共同体中游离出来去往城市，成为雇佣劳动者，传统的农村共同体结构遭到破坏。人们从传统社会的人身束缚中摆脱出来，变成了原子化的陌生人（atomized stranger），却也面临着比传统农业社会更多新的风险，如工伤、失业、低工资、住房、疫病等，同时，疾病、养老等原有的风险对原子化的个人的影响也比传统社会更大。蒂特马斯认为，工业社会和社会变迁带来"去福利"（diswelfare）与"社会成本"问题，因此，需要通过社会政策重构社会关系，来解决这些问题，才能实现公平与平等。

（二）社会政策与资本主义

现代社会政策的出现往往跟资本主义体制息息相关。英国学者哈特利·迪安强调，资本主义、它的发展及其结果（无论好坏）都是社会政策学迄今为止所关注的核心内容。① 现代社会政策的主要功能之一就是解决资本主义衍生的社会风险。同时，资本主义体系的良好运作也有赖于社会政策。比如1802年《工厂法》的出现，一方面是为了限制剥削和减少产业工人所面临的风险，另一方面则是为资本主义雇主们的竞争提供一个公平的环境；工伤社会保险制度的出现为雇主集团解决了工伤诉讼导致的时间、精力的浪费等。迪安用"成就资本主义"与"驯服资本主义"两个短语很精练地抓住了资本主义形成中社会政策的巨大作用：

> 这个过程必须通过社会政策这一手段来加以管理，从而确保人们有序地脱离土地，控制快速城市化所带来的后果，支持雇佣劳动制度的运作；管制雇主之间的不公平的竞争；保障资本主义民主制度正常运转所需要的卫生和文化条件。

社会政策的发展补偿了资本主义在其他方面可能对工人阶级带来的不利影响。更重要的是，社会保护、医疗卫生、国家教育、公共住房和一系列公共与市政服务等计划的全面发展，能够让工人阶级从资本主义中获得一定的好处。②

---

① 哈特利·迪安：《社会政策学十讲》，第19页。
② 同上书，第30—31页。

需要注意的是，社会政策与资本主义的关系除了"成就资本主义"与"驯服资本主义"的观点外，德国学者克劳斯·奥菲提出了社会政策对资本主义的积累具有破坏性作用的观点。①

（三）社会政策与民主化

如前所述，社会政策是以工业革命和资本主义体系为代表的经济社会转型的衍生物，同时，社会政策与投票权的扩大、公民权利的确立、劳工组织的运动等民主化进程也密不可分。在某种程度上，传统社会里提供服务的志愿性组织后来被国家机构取代的原因是现代社会中的人面临的问题已经超出了志愿组织的能力，其解决越来越带有急迫的经济、政治、社会和军事性，社会政策的演变史可以说是政府官僚精英、雇主集团以及劳工组织三者之间相互妥协、相互斗争的历史。② 源自北欧的权力资源理论即凸显了民主化对于社会政策的推动作用（该理论内容详见第四章）。

（四）社会政策与社会问题

正如菲奥纳·威廉姆斯（Fiona Williams）所说，社会政策将重大问题和我们生活的细枝末节置于同一框架之中，同时，一个社会如何组织和管理公民的福利，能贴切地告诉我们其社会和经济的侧重点、社会等级、不平等、文化实践以及对变化所作的反应。③ 所以，社会政策涉及每个人微观的生计问题及日常生活，同时，也需要应对宏观层面的诸多社会问题。解决不平等和保障人们的基本生活是社会福利关注的中心

---

① 克劳斯·奥菲:《福利国家的矛盾》（郭忠华译），吉林人民出版社 2010 年版，第 7 页。
② Pat Thane, *Foundations of the Welfare State* (New York: Longman Group Limited, 1982), pp. 290-295.
③ 艾伦·肯迪:《福利视角：思潮、意识形态及政策争论》（周薇等译），上海人民出版社 2011 年版，第 9 页。

问题，因此，社会政策的必要性还体现在界定和解决社会问题方面。

1. 社会问题

在工业社会，衍生自市场机制的社会问题主要包括失业问题、贫困问题、教育不平等问题、劳资问题、环境污染问题、城市问题等社会病痛。人们有时候比较容易意识到社会问题的发生，有时候则比较难识别出社会问题，并且也难以对究竟什么规模、什么程度的问题才算是社会问题进行清晰的表述。同时，被辨认出来的社会问题也很少是纯技术性或纯政治性的，造成社会问题出现的因素很多，比如体制变迁、人口老龄化、家庭结构变迁、阶级矛盾的深化等因素。默顿（Merton）和尼斯比（Nisbet）将"社会问题"界定如下：

> 差不多每个人都会对"社会问题"有些大约的概念。一般人所说的"社会问题"泛指社会上种种不招自来且无法否认的麻烦、通常被形容为"当今社会危机"的社会冲突和困惑，无辜被社会制度损害陷于生活困境的人们、犯罪、可医治但没有治好的疾病、滥用暴力等等。[1]

社会政策被视为解决社会问题的方法，这方面的一个典型例子是英国福利国家的奠基人贝弗里奇爵士于1942年出版的《社会保险和相关服务》（*Social Insurance and Allied Services*），即著名的《贝弗里奇报告》。贝弗里奇认为，当时的英国社会存在着五大社会问题，即"五大恶"（five giant evils）：匮乏（want）、疾病（disease）、无知（ignorance）、肮脏（squalor）和懒散（idleness），并设计出一整套社会政策来一一解决：用收入保障政策来解决匮乏问题，用医疗服务政策来解决疾病问

---

[1] Robert K. Merton and Robert A. Nisbet, *Comtemporary Social Problems*（New York：Harcourt, 1961），p. 701，转引自 Richard M. Titmuss：《社会政策10讲》，第36—37页。

题，用教育政策来解决无知问题，用卫生保健政策和住宅政策来解决肮脏问题，用精神教育政策来解决懒散问题。①同时，贝弗里奇还将社会保障视为摆脱贫困之路：

> 社会保障计划提出，要在战后消除贫困，并把强制性社会保险作为实现该目标的主要手段，把国民救助和自愿保险作为补充手段。②

即便是现在，贫困及其衍生的不平等与社会排斥等问题，以及疾病、肮脏、无知与懒惰问题也在不同程度上困扰着很多国家。中国自1979年实行改革开放以来，经济体制转型为市场经济，在生活水平普遍提高的同时，也带来了很多社会问题，其中比较突出的是贫富差距过大的不平等问题。据统计，中国2003年至2013年的基尼系数均高于国际上公认的警戒点0.45③，高于0.45意味着贫富差距过大，会引起社会不稳定等诸多社会问题。

2. 社会政策与社会问题的关系

需要指出的是，社会政策与社会问题并不仅仅是矫正与被矫正的关系，正如社会问题不是单一因素所导致的一样，社会政策也牵扯到政治、经济、社会和文化等非常复杂的因素，同时，社会政策本身又会形成新的社会问题。因此，我们需要留意的是：

> 社会政策学的一个必要的工作就是要理解人类社会存在的问题。这不应将社会政策的作用简单地理解为"治疗"或者

---

① William Beveridge, *Social Insurance and Allied Services* (London: HMSO, 1942), p. 251.
② 贝弗里奇：《贝弗里奇报告——社会保险和相关服务》（劳动和社会保障部社会保险研究所译），中国劳动社会保障出版社2004年版，第5页。
③ 《统计局：去年基尼系数0.474 收入分配改革愈发紧迫》，中国新闻网，2013年1月18日，http://finance.chinanews.com/cj/2013/01-18/4500444.shtml，访问日期：2014年5月31日。

"修补"这些问题。社会政策不是指为社会所做的事情,而是指由社会所做的事情。它们不是由外部施加给社会的,而是由内部设计的。有时候它们既是解决问题的办法,又是社会问题的一部分。①

第二节 社会政策的历史分期

关于社会政策的历史分期,学界并没有达成一致意见。本书将从1601年的《济贫法》到现今为止的社会政策的发展分成四个时期,即1601年至19世纪70年代社会保险政策出现之前的济贫法时期,19世纪70年代到第二次世界大战的社会保险的形成、发展时期,第二次世界大战后至20世纪70年代初的福利国家的黄金期,以及20世纪70年代后至现在的福利国家的改革期。社会政策历史分期的概略图见图2-1。

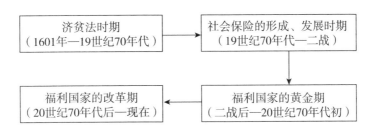

图 2-1 社会政策的历史分期

一、济贫法时期

为解决1348—1349年黑死病导致的社会混乱现象和长期的劳动力短缺问题,英国早在1352年、1388年和1576年分别核定了《劳工条

---

① 哈特利·迪安:《社会政策学十讲》,第99页。

例》(The Statute of Labourers)、《济贫法》(The Poor Law Act) 和《济贫法规》(The 1576 Poor Relief Act) 等制度,用以控制工资和劳动者的流动。① 下面将简单介绍这一时期社会政策的发展情况。

(一) 1601年《济贫法》

1601年,伊丽莎白女王在之前济贫措施的基础上编纂补充,颁布了《济贫法》,成为指导地方济贫的中央框架。《济贫法》规定:教区②对其区内的贫民负有责任;按贫民的特征区别对待,区分有劳动能力和无劳动能力的贫民,将没有劳动能力的贫民收容于济贫院(almshouses),向有劳动能力的贫民提供劳动的机会,对于那些有劳动能力但拒绝劳动的贫民则在教养院(a house of correction)中予以惩罚。③

(二)《斯宾汉姆兰法令》

因1793年到1815年间的英法战争及农业歉收导致食品供应短缺及通货膨胀,英国贫困的范围从流浪人员扩大到有人就业的家庭,各地不得不采取一些应急措施,其中最为著名的是1795年通过的《斯宾汉姆兰法令》(Speenhamland Act)。《斯宾汉姆兰法令》提出根据面包价格提供工资补贴(即所谓的"面包尺度",bread scale),保障最低收入,工资不足部分由济贫税填补。这一措施非常不同于基于《济贫法》的救济制度,贫民救济采取居家原则,且依家庭规模决定救济量。④ 当时的许多学者从自由放任的立场出发抨击该法令,马尔萨斯认为这一制度

---

① 尼古拉斯·巴尔:《福利国家经济学》(郑秉文、穆怀中译),中国劳动社会保障出版社2003年版,第16页。

② 英国1835年颁布《市政法》(Municipal Corporations Act),着手塑造当时的地方政府体系,但直到19世纪末,地方政府体系才形成了能行使如今这样广泛职能的结构。见迈克尔·希尔:《理解社会政策》,第30页。

③ 尼古拉斯·巴尔:《福利国家经济学》,第16页。

④ 林万亿:《福利国家——历史比较的分析》,巨流图书公司(台湾)1994年版,第20—21页。

会导致贫困人口的激增和削弱贫民的储蓄动机①,而李嘉图认为院外救济会使雇主主动降低工资从而使贫困进一步恶化。事实上,这一法令的确使得地方济贫支出急剧扩大。在诸多压力下,最终《斯宾汉姆兰法令》被1834年的新济贫法所取代。

(三)1834年"新济贫法"

到了19世纪30年代,禁止贫民流动、将贫民限制在教区的《安置法》(Acts of Settlement)因受到亚当·斯密等人的批判而修订,从而自由放任的理论思潮在英国的劳动政策中得到了贯彻。这时,贫民的增加、济贫税负担的增大以及粮食价格的提高导致了1834年《济贫法修正案》(Poor Law Amendment Act,史称"新济贫法")的出现,院外救济被废止。"新济贫法"提出新制度应该包含三大原则:"劣等待遇""济贫院检验""政府统一管理"。"新济贫法"将贫困视为个人的道德性问题,废止了收入补助制度,将有劳动能力的贫民安置于劳作院,仅向病人、老人、单亲母亲家庭提供救助,且救助水平低于劳动人口的最低工资(即劣等待遇原则)。②

(四)《公共健康法》

这个时期,英国政府开始介入公共健康领域,1848年出台了《公共健康法》。公共健康很早就被视为公共责任,因为劣质的公共卫生状况会对整个群体造成伤害,但个人又往往无法控制诸如供水系统及排污系统这样大规模的工程,而私营公司又没有动机充足提供此类公共物品。③

---

① 马尔萨斯认为,凭借这一制度,原本没有能力结婚的人也会结婚从而造成贫困人口数量的激增,而人口激增会导致粮食价格的提高,同时,贫民即使在有储蓄的机会时也不会储蓄而会把钱消耗在酒馆里。
② 尼古拉斯·巴尔:《福利国家经济学》,第17—18页。
③ Pat Thane, *Foundations of the Welfare State*, p.40.

二、社会保险的形成、发展时期

保险作为一种分散风险的技术，据说早在古巴比伦时期就已经在两河流域存在了，当时主要是为商船进行保险。但是，作为国家对各种社会风险正式事前介入的起点的社会保险，最早始于德国俾斯麦时期制定的三大社会保险立法。与《济贫法》不同，社会保险是通过日常手段来预防贫困，是一种制度化的安排，关注维持受惠者即便处于特殊状况下的收入水平，以男性劳动力为主要对象（而《济贫法》针对女性、儿童和老人等），被保险人依据缴付保险费产生相关法律权利。

经济合作与发展组织（OECD）国家采用社会保险的时间见表2-1。

表2-1 OECD国家采用社会保险的时间

	工伤	健康	老龄	失业	家庭津贴
比利时	1903	1894	1900	1920	1930
荷兰	1901	1929	1913	1916	1940
法国	1898	1898	1895	1905	1932
意大利	1898	1886	1898	1919	1936
德国	1871	1883	1889	1927	1954
爱尔兰	1897	1911	1908	1911	1944
英国	1897	1911	1908	1911	1945
丹麦	1898	1892	1891	1907	1952
挪威	1894	1909	1936	1906	1946
瑞典	1901	1891	1913	1934	1947
芬兰	1895	1963	1937	1917	1948
奥地利	1887	1888	1927	1920	1921
瑞士	1881	1911	1946	1924	1952
澳大利亚	1902	1945	1909	1945	1941
新西兰	1900	1938	1898	1938	1926

续表

	工伤	健康	老龄	失业	家庭津贴
加拿大	1930	1971	1927	1940	1944
美国	1930	—	1935	1935	—

资料来源：Christopher Pierson, *Beyond the Welfare State? The New Political Economy of Welfare* (Cambridge: Polity Press, 1998), p.104。

（一）德国社会保险的出现及发展

社会保险在19世纪七八十年代首先出现在德国，其背景有三个：一是德国资本主义经济结构的二元性带来的社会构成的异质性，即旧的容克地主阶层和大钢铁工业阶层；二是为保护这两者利益的"谷物和铁"的关税政策导致了工人阶级生活成本的上升；三是随着人口由东向西流动带来的工资全面下滑和大量解雇的发生，社会民主党及工会组织势力崛起。在这种背景下，当时德国的首相俾斯麦积极推进《社会主义者镇压法》和社会保险立法，即1883年的《疾病保险法》、1884年的《工伤保险法》① 以及1889年的《老龄残疾保险法》，试图消除社会民主党的影响，增进工人对于国家的忠诚。②

1911年三大社会保险合并为一部《国民保险法》（National Insurance Code）。1918年中央政府开始补贴住房供给。在劳动力市场政策方面，1914年内政部成立中央劳动交易所，利用部分战争贷款为失业者提供资金补助，在1918年战争结束前集体谈判获得承认，并于该年成立劳动部，这标志着社会政策功能从社会秩序的工具转变为社会变革的工具。后来又于1927年引入强制性失业保险计划。③

---

① 1871年颁布的《雇主赔偿责任法》后来被1884年的《工伤保险法》取代。
② 小川喜一编『社会政策の歴史』、一八六～一九二ページ；Jens Alber, "Germany: Historical Synopsis," pp. 4-15.
③ Jens Alber, "Germany: Historical Synopsis," pp. 4-15.

(二) 英国社会保险的出现及扩散

这一时期英国的社会政策主要受到国内贫困研究、费边社（Fabian Society）思想以及自由党政府的影响。与传统的将贫困视为个人失败的观点不同，这一时期的贫困研究，如布斯（William Booth）于1887到1903年间出版的十七卷《伦敦人民的生活与劳动》（*Life and Labour of the People in London*）以及朗特里（Seebohm Rowntree）于1901年出版的《贫穷：一个城市生活的调查》（*Poverty: A Study of Town Life*），均强调了导致贫困的社会性因素。① 成立于1884年的费边社接受了社会主义的原则，但反对以激进的革命手段来改造英国社会，主张以渐进温和的改良措施来实现社会主义。费边社的代表人物韦伯夫妇（Sidney and Beatrice Webb）认为贫困是因重要的社会和经济力量而起，主张向所有人提供国家最低生活标准（National Minimum）。在1906年至1914年间执政的自由党政府推动了社会保险等政策的出台，1908年颁布了无需缴费的《老龄年金法》，1911年颁布了《国民保险法》（包括疾病保险和失业保险）。《国民保险法》出台的首要原因是《济贫法》导致的贫民救济费用的增加，其次是友谊社、兄弟会等大部分劳工互助组织都面临财政方面的困难。

在劳动力市场政策方面，1909年丘吉尔引进了《工会委员会法》（Trade Boards Act），首次建立了代表雇主与劳工的委员会，让广大的非工会化的体力工人能有代表来协商最低工资。② 第一次世界大战后，国内的经济危机以及1929年开始于美国华尔街的经济大危机，导致了英国失业率飙升（见表2-1），从而对失业保险基金带来了压力。1934年

---

① 林万亿：《福利国家——历史比较的分析》，第25—26页。
② 同上书，第27页。

的《失业保险法》开始将失业区分为短期失业和长期失业，短期失业不超过26周，由失业保险制度支付，长期失业则由新设的失业救助制度来处理。

表 2-2　英国 20 世纪 20—30 年代的年均失业率（%）

年份	被保险劳工失业率	年份	被保险劳工失业率
1920	5	1930	16
1921	17	1931	21
1922	14	1932	22
1923	12	1933	20
1924	10	1934	17
1925	11	1935	15
1926	12	1936	13
1927	10	1937	11
1928	11	1938	13
1929	10	1939	10

资料来源：小川喜一编『社会政策の歴史』（有斐閣、一九七七）、一一六ページ。

与失业保险所遭遇的窘境不同，医疗保险方面并没有面临直接的基金压力，其原因在于被保险者和给付内容限定得很窄，很多人在接受医疗保险津贴的同时还在接受济贫救助。所以，国民健康保险皇家委员会的《多数派报告》认为，越扩张保险事业则越难以维持保险原理，终极解决办法可能是放弃保险制度，变成由国家公费出资的保健服务。在年金制度方面，与1908年无需缴费的年金制度不同，1937年需要缴费的老龄年金制度可以任意加入，从而为中产阶级的加入开辟了道路。[1]

---

[1]　原来中产阶级认为自己通过税收来负担社会保险的费用，但是需要这些制度的却是劳工阶层。

在丘吉尔战时内阁期间的 1941 年 6 月，成立了由贝弗里奇任委员长的社会保险及相关制度委员会，1942 年 11 月该委员会提交了《社会保险和相关服务》（*Social Insurance and Allied Services*，又称《贝弗里奇报告》）的报告书。该报告提出英国社会保障计划的六条基本原则：基本生活待遇水平统一、缴费费率统一、行政管理职责统一、待遇水平适当、广泛保障、分门别类。① 同时，贝弗里奇认为，为了社会保障计划的顺利实施，有三个与社会保障密切相关的设想，即子女补贴、全方位医疗和康复服务、维持就业。②

（三）美国社会保险的出现及扩散

美国信奉自助自立的个人主义，将失业和生活困难等问题的责任多归咎于个人。虽然民间慈善团体和地方政府有一些零星的救济活动，但是联邦政府基本上没有承担救济责任，直到 1933 年上任的罗斯福总统，作为其新政（New Deal）的一环，于 1935 年颁布了《社会保险法》（Social Security Act）。美国的社会福利制度主要包括联邦政府主管的养老保险、州政府管理的失业保险以及由联邦政府对州政府管理实行补助的公共救助，详见表 2-3。

表 2-3 美国的社会保险及公共救助

社会保险	公共救助	
联邦强制（Federally Mandated）	联邦/州供资（Federal/State Funds）	州/县供资（State/County Funds）
社会保障	分类性项目（Categorical Programs）	贫困救济、一般救助

---

① 贝弗里奇：《贝弗里奇报告——社会保险和相关服务》，第 6 页。
② 同上书，第 174 页。

续表

社会保险	公共救助	
OAI：老龄保险，1935	ADC：1935	医疗救助（Medical Assistance）
OASI：增加遗属，1950	AFDC：增加父母，1940	丧葬补助
OASDI：增加残疾人，1956	*AB：盲人救助，1935	医疗救助（Medicaid）：1961
医疗保险（HI）：1965	*OAA：老龄，1935	
工伤保险：1935	*AD：残疾人，1951	
失业保险：1935	SSI：补充收入保障，1971	
	TANF：1996	

注：*为1972年进入社会保险（OASDI）。

资料来源：Phyllis J. Day, *A New History of Social Welfare*, 3rd ed. (Boston: Allyn and Bacon, 2000), p. 278。

三、福利国家的黄金期

"福利国家"一词要归功于英国大主教威廉·坦普尔（William Temple），他用这个词来表达这样一种想法：由"战争国家"（warfare state）所僭取的巨大力量，可以同样强而有力地、仁慈地用于和平时代的目的。① 福利国家②的出现并不是单一因素造就的结果，其实关于第二次世界大战后应当采取什么形式的社会政策体系的很多关键思想在两次战争期间已经形成③，但是，战争导致的人们心态的变化、中央政府对健康公民的战略需要以及政府为战争而动员社会资源和管控社会的行政能力的增强，为第二次世界大战后福利国家的出现奠定了基础。④ 阿萨·布里格斯认为福利国家是国家通过政治和行政慎重地行使有组织的

---

① "战争国家"指的是纳粹德国。哈特利·迪安：《社会政策学十讲》，第23—24页。
② 德国文献常常用"社会市场经济"（social market economy）来替代"福利国家"这一概念，以避免纳粹期间强国家的控制之意。
③ 迈克尔·希尔：《理解社会政策》，第46页。
④ Pat Thane, *Foundations of the Welfare State*, pp. 223-224.

权力，修正市场力量至少在三个方向的运作：一是保证个人、家庭的最低收入而无关于他们工作的市场价值或财产；二是通过使个人、家庭能应对导致个人和家庭危机的社会性意外风险（social contingencies），如疾病、老龄和失业，来窄化不安全的程度；三是不论其地位和阶级，确保所有公民能享受一定范围内的最好的社会服务。① 第二次世界大战后至20世纪70年代，西方发达国家国内政治相对稳定，经济持续增长，阶级之间也形成了国家—雇主—劳工三者之间的协商结构。在这一时期，公共救助扩大，社会保险完善，社会津贴设立，现代意义上的各种社会福利制度开始完备起来。同时，社会福利受惠者的范围不断扩大，福利预算逐渐扩大，政党体制没有发生大的变化，社会福利同盟结构至少到70年代都比较稳定，上述因素共同构筑了制度化的福利政治框架的惯例化和日常化。

（一）英国的社会政策立法

1945年英国工党在议会中占有了多数席位，通过了一系列社会政策法案，缔造了世界上第一个福利国家，相关立法详见表2-4。

表2-4 英国福利国家法律体系的完善

时间	名称
1945年7月	《家庭津贴法》
1946年7月	《国民保险（工伤）法》
1946年8月	《国民保险法》
1946年11月	《国民健康服务法案》
1948年5月	《国民救助法》

资料来源：小川喜一编『社会政策の歴史』、一三五ページ；Pat Thane, *Foundations of the Welfare State*, p. 361。

---

① Asa Briggs, "The Welfare State in Historical Perspective," in C. Schottland, ed., *The Welfare State* (New York: Harper and Row, 1969), pp. 29-45.

（二）美国的社会政策立法

第二次世界大战后，在凯恩斯主义的影响下，美国于1946年颁布了《充分就业法案》，以立法的形式要求联邦政府承担起实现充分就业的责任。1961年推行医疗救助（Medicaid）制度，主要是向低收入的人提供医疗服务，主要人群包括领取现金福利项目的人，后扩大到覆盖家庭收入在贫困线以上的儿童，也包括低收入的怀孕妇女。该项目由州政府运作，联邦政府和州政府共同提供资金。而1965年颁布的医疗保护（Medicare）项目则是面向65岁及以上老人和残疾人的健康保险，该项目以现收现付（pay-as-you-go）方式来筹集资金，主要通过现在工作代的工薪税（payroll tax）来融资。在20世纪六七十年代，美国社会政策突出表现在肯尼迪政府时期非洲裔美国人要求消除歧视、争取公民权的运动以及约翰逊提出的伟大社会。《公民权法案》（The Civil Rights Act）于1964年通过，规定在联邦以及全国范围内的所有歧视都是非法的，禁止因种族、肤色、地区、性别或族源（national origin）而进行就业歧视，并设立了平等雇佣计划委员会（the Equal Employment Opportunity Commission，EEOC）推行公民权。1964年颁布《经济机会法案》，目的在于平息暴乱，并向穷人和有色人群提供职业训练和雇佣机会。伟大社会的构想提出"向贫困开战"（War on Poverty），认为贫困的原因既在于穷人没有劳动动机，同时也认为结构性原因导致了失业，所以"向贫困开战"既强调个人复健（personal rehabilitation），也强调机会结构的改变。在这一时期，还实施了食品券项目、住房项目以及针对精神健康和精神发育迟滞方面的立法。①

---

① Phyllis J. Day, *A New History of Social Welfare*, pp. 296-327.

四、福利国家的改革期

20世纪70年代发生的两次石油危机标志着战后资本主义经济发展的黄金时期已经终结,在这一时期,福利成为众矢之的,人们认为高福利拖累了经济增长。对福利的批评主要集中在两方面:一是高福利支出对国家财政带来了压力,导致高赤字开支;二是工人的高福利待遇增加了劳动力成本,压缩了雇主的利润空间,从而导致资本外流。表2-5是英、法、德、日、美五国的劳动力成本统计。

表2-5　2005年五国劳动力成本统计

	平均每小时的劳动力成本(美元)	单位劳动力成本[①]
英国	26	165
法国	25	145
德国	33	140
日本	22	125
美国	22	100

资料来源:转引自迈克尔·罗斯金:《国家的常识:政权·地理·文化》(夏维勇、杨勇译),世界图书出版公司北京公司2013年版,第233页。

事实上,除了上述批评之外,福利国家在20世纪70年代后开始收缩还有更深刻的经济、政治、社会思潮等方面的原因。

首先是资本的全球化和信息革命带来的产业结构的变化——工业社会的福特制向后工业社会的温特制的转变。这导致经济衰退以及大量失业等问题产生。如表2-6所示,70年代之后主要的OECD国家的GNP年均增长率与五六十年代相比大幅下降,而其失业率,如表2-7所示,则大幅上升,这对福利国家的维持和扩张带来压力。

---

① 单位劳动力成本指的是不同国家生产同样商品的成本。

表 2-6 7 个主要 OECD 国家的 GNP 的年均增长率（%）

	1950—1960	1960—1973	1973—1981
加拿大	4.0	5.6	2.8
法国	4.5	5.6	2.6
联邦德国	7.8	4.5	2.0
意大利	5.8	5.2	2.4
日本	10.9	10.4	3.6
英国	2.3	3.1	0.5
美国	3.3	4.2	2.3
加权平均	4.4	5.5	2.3

资料来源：Christopher Pierson, *Beyond the Welfare State? The New Political Economy of Welfare*, p. 126。

表 2-7 6 个主要 OECD 国家 1933—1983 年的失业率（%）

	1933	1959—1967	1975	1983
法国	—	0.7	4.1	8.0
联邦德国	14.8	1.2	3.6	8.0
意大利	5.9	6.2	5.8	9.7
日本	—	1.4	1.9	2.6
英国	13.9	1.8	4.7	13.1
美国	20.5	5.3	8.3	9.5
加权平均	13.0	2.8	4.7	8.5

资料来源：Christopher Pierson, *Beyond the Welfare State? The New Political Economy of Welfare*, p. 127。

其次是苏联解体及东欧剧变的影响。在 20 世纪 60 年代，资本主义国家非常相信苏联及其他社会主义国家很有可能在经济上赶上甚至超过西方①，而上述社会主义国家解体事件使得自由放任的新自由主义抬头，这导致社会民主党等左派政党执政的可能性降低甚至左派政府右

---

① Ramesh Mishra, *The Welfare State in Crisis: Social Thought and Social Change* (Sussex: Wheatsheaf Books Ltd., 1984), p. 99.

倾化。

最后，非阶级的新社会思潮如女性主义、环保主义的出现，在某些方面对福利国家产生了负面影响。

鉴于上述原因，福利国家的合法性受到了严重动摇，1979年在英国以玛格丽特·撒切尔为首的保守党的当选以及1980年美国罗纳德·里根总统的当选直接推动了遏制福利国家的运动，导致了福利国家在多项制度上开始收缩，如表2-8所示。

表2-8　OECD福利国家的收缩

制度类型	变化	范例
老龄年金	提高退休年龄	英国、新西兰、意大利、日本
	延长领取足额年金的缴费期限	法国、葡萄牙、爱尔兰、芬兰
	降低随通胀而升级的给付基础	英国、法国、西班牙
	年金的收入审查	奥地利、丹麦、澳大利亚
残疾	更严格的失能测试	英国、美国、荷兰、挪威
	新的时间限制、减少给付	英国、美国、荷兰
失业	给付期限的缩减	比利时、英国、丹麦、美国
	给付水平的降低	德国、爱尔兰、新西兰、瑞士
	资格范围缩小	荷兰、英国、比利时
家庭津贴	实际价值降低或减少资格	英国、西班牙、荷兰

资料来源：Christopher Pierson, *Beyond the Welfare State? The New Political Economy of Welfare*, p. 164。

福利国家的改革主要包括两个方向：一是福利供给主体的分权化和民营化。分权化（decentralization）是将中央政府的角色让渡给地方政府或者自发性组织（如市场或NGO）；民营化（privatization）主张强化市场作用，包括在福利领域实行内部市场化。二是强调劳动，提出用工作福利（workfare）取代福利（welfare），将福利受惠资格跟劳动关联起来，目的是促使福利领取者能够摆脱福利依赖从而进入劳动力市场，所以要求福利领取者接受技能培训，并且规定了一个人一生中可以领取福利的时限。同时，还出台一系列鼓励福利领取者进入劳动力市场的政策，如英国的工作家庭课税津贴（Working Family Tax Credit，WFTC）[①]和美国的工资收入课税津贴（Earned Income Tax Credit，EITC）[②]。尼古拉斯·巴尔将福利国家的改革趋势总结如下：

> 到20世纪80年代末，西方福利制度发生了相当大的变化。此前，福利制度主要关注福利的覆盖范围及待遇水平的确定，到80年代则更加关注效率、劳动力市场的激励作用及财政管制。通过一系列的改革，大量削减了失业补贴，又通过对几项主要的保险待遇的紧缩性管制改变了福利给付的水平，从而使费用支出大为降低。同时还采取了一系列措施强化了以家计审查为基础的福利给付制度。[③]

第三节　中国社会保障政策的变革

中国社会保障政策不是用一元体制覆盖全体公民，而是具有明显的时空划分，时间上是以1978年的改革开放为节点分为前后两个时期，空间上以城乡为界点区隔为二元社会空间。本节将从组织结构的角度简单论述中国社会保障政策的变革。

---

① 阿德里安·辛菲尔德：《税福利》，载马丁·鲍威尔编：《理解福利混合经济》（钟晓慧译），北京大学出版社2011年版，第161页。
② Harvey S. Rosen, *Public Finance*, 7th ed. (Singapore：McGraw-Hill, 2005), p. 177.
③ 尼古拉斯·巴尔：《福利国家经济学》，第37页。

一、中国社会保障制度的变革

姚宏将改革开放前及改革开放后的制度调整总结为实现了三个转变：从福利型保障变为社会保险；财政和企业从大包大揽变为承担有限责任，相应增加了个人责任；从单位自我保障和自我管理变为社会互济和社会化管理。① 日本理论界对中国社会福利制度的变革，从经济体制转型的角度给予了一些关注，田多英範将从计划经济时期转型为市场经济时期的保障制度的变迁过程称为从"生活保障制度"到"社会福利制度"② 的转变，认为计划经济时期的保障制度是"生活保障"，发生在第一次分配阶段，而市场经济时期是"社会保障"，发生在再分配阶段，认为两者有质的不同。③

二、改革开放前后社会福利制度组织结构的变革

从社会福利制度的实际组织结构来看，中国改革开放前后两个阶段社会福利的提供主体发生了明显变化。以面向城镇职工的劳动/社会保险为例，改革开放前主要由工会和企业/单位在国家政策的指导下负责组织实施社会保险，改革后主要由地方政府管辖的职能机构（主要是社保局、医保局等）来组织实施，社会福利制度组织结构关系经历了从"社会分散化模式"到"行政集中化模式"的转变。

（一）改革开放前

中华人民共和国成立后，于1951年2月26日颁布《中华人民共和

---

① 姚宏：《医疗与生育保险（第二版）》，中国劳动社会保障出版社2004年版。
② 中国社会保障的"社会化"，开始指的是给付的社会化发放，主要是指养老保障方面的养老金的社会化发放和养老金领取者进入社区管理。见田小宝等：《中国社会保障》，第19—20页。
③ 田多英範「生活保障制度から社会保障制度へ」田多英範編著『現代中国の社会福利制度』（流通経済大学出版会、二〇〇四）、一～二五ページ。

国劳动保险条例》(简称《劳动保险条例》)。1954年6月15日,劳动部、全国总工会印发《关于劳动保险业务移交工会统一管理的联合通知》,劳动保险业务移交给全国总工会统一管理,由各级工会统管全部劳动保险工作。《劳动保险条例》规定,保险费占工资总额的3%,保险费总额的70%由企业的基层工会管理,形成劳动保险基金,用于支付职工的劳动保险费用,剩下的30%由中华全国总工会将其作为全国范围内的调剂基金使用。劳动保险基金每月结算一次,余额全部转入省市工会组织或产业工会全国委员会,作为劳动保险调剂金,用于基层工会组织收不抵支时的补助或举办集体劳动保险事业,中华全国总工会对此有统筹调用的权力。省市工会组织或产业工会的劳动保险调剂金不足时,可以向中华全国总工会申请调拨调剂金。各基层工会负责具体业务工作,各级政府的劳动行政机关负责监督。郑秉文等学者认为改革开放前的社保体系事实上是一种由工会系统主导的制度,主要体现在工会对保险资金的分级管理和使用上。[①] 这一阶段社会福利制度的组织结构如图2-2所示。

从整个社会保障体系来看,这一阶段的社会福利制度结构的主要特征表现为社会福利制度与社会生产系统的结构性融合,即无论城市还是农村的社会福利制度均依托于各自领域的生产系统,城市地区的社会福利制度依托于各种类型的企业,跟社会之间的区别度[②]比较低。本书将这一阶段的社会保障制度类型概括为"社会分散化模式"。

[①] 郑秉文、高庆波、于环:《60年回顾:社保理论与社保制度的互动》,《中国社会保障》2009年第10期。

[②] "区别度"是卡岑斯坦提出的概念,意指国家和社会的联系紧密状况。彼得·J.卡岑斯坦编:《权力与财富之间》(陈刚译),吉林出版集团2007年版,第378页。

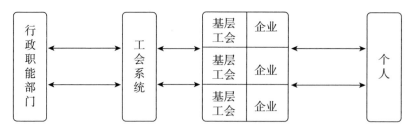

图 2-2　改革开放前社会福利制度组织结构①

资料来源：郑文换：《改革开放前后医疗保障制度组织结构比较研究》，《华东理工大学学报（社会科学版）》2011 年第 1 期。

（二）改革开放后

改革开放后福利制度的组织结构发生了重大变更，其结构关系大体如图 2-3 所示：

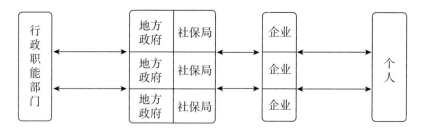

图 2-3　改革开放后社会福利制度组织结构

资料来源：郑文换：《改革开放前后医疗保障制度组织结构比较研究》。

可以看出，这一阶段社会保险制度的显著特征是"属地管理原则"，地方政府在社会福利领域的主体地位确立，社会保险经办机构隶属行政系统。在行政职能部门和企业之间作为连接通道的社会保险经办机构，因为直接隶属于地方政府和行政职能部门，其人事编制、薪资、

---

① 这一组织结构图只是大概将中华人民共和国成立至改革开放前的社会保险组织结构表现了出来。实际上，在此期间这一组织结构也并非稳固不变的，比如，"文化大革命"中对工会的冲击，导致自 1969 年后劳保成为"企业自保"。见宋晓梧：《中国社会福利制度改革》，清华大学出版社 2001 年版，第 5 页。

职务评定等方面均由地方政府决定。同时，由于基层工会社保职能和组织力量的萎缩，企业内部没有约束监督企业缴纳保费的力量存在，个人也缺乏制度资本捍卫自己的福利权益，企业和个人之间在社会保障方面的共识与个人对企业的约束越来越弱，企业变成逐利的经济体，个人由组织化（工会化或单位化）的个人变成了原子化的个人。同时，由于社会福利制度在组织结构上与企业的区别度越来越高，可能意味着企业在社会保障方面越来越不合作的倾向。根据上述分析，本书将现阶段的社会保障制度类型概括为"行政集中化模式"。

本章小结

本章探讨了社会政策的历史背景，概述了社会政策的四个历史分期，并简单讨论了中国社会保障政策的变革。

第一，社会政策与工业革命、资本主义以及民主化等现代化进程密切相关，同时，社会政策往往被视为解决市场机制衍生的社会问题的方法和工具。

第二，社会政策的历史可分为四个分期：1601年至19世纪70年代的济贫法时期，19世纪70年代至第二次世界大战的社会保险的形成、发展时期，第二次世界大战后至20世纪70年代初的福利国家的黄金期以及20世纪70年代后至今的福利国家的改革期。

第三，中华人民共和国成立后，以改革开放为节点，社会保障制度实现了三个转变：从福利型保障变为社会保险；财政和企业从大包大揽变为承担有限责任，相应增加了个人责任；从单位保障和自我管理变为社会互济和社会化管理。

第三章　社会政策的原则

社会政策并不是随意制定出来的,其背后往往有某种意识形态或者说价值偏好支撑,在某种程度上可以说社会政策的发展历史就是各种意识形态和观念彼此竞争的过程史。本章将讨论社会政策的原则,包括社会政策应该遵循的原则或者说应该体现的价值。本书认为,社会政策的基本原则包括平等、效率、需要和自由。

第一节　原则与价值

一、原则和价值讨论的重要性

现代社会主要是由民主政治体制和市场经济体制组成的结合体,民主政治体制主张人人平等的权利,而市场经济体制则必然产生物质财富占有上的差异,两者之间存在着深刻矛盾。在这种情况下,作为缓解两者之间矛盾的社会政策体系(或者说福利体系)应该偏重哪一方呢?社会政策总是反映了一定的价值偏好,有时候,某项政策有利于某个群体而不利于其他群体,那么,其抉择的合法性来自于哪里呢?与此同时,现代社会又是一个价值多元的社会,存在形形色色的反映和代表不同利益的各种思潮和观点,在这种情况下,社会政策应该反映哪种思潮和观点、体现谁的利益呢?这时候,我们需要讨论社会政策的原则或者价值的问题。

《牛津英语词典》将"原则"阐述为"行动的起源或来源"以及"某种事物推进的根本来源,产生或决定特定结果的基本要素、力量或规律"。《新华词典》将原则定义为"说话或行事所依据的法则或标准"。"原则"经常包含道德或伦理的含义,即意味着人必须坚持某种有关是非的信念,必须坚持某种道德标准。① 由此可见,原则意味着行事所秉持的基本信念和基本准则,而不管结果如何,哪怕据此行事会产生不利的后果。与原则这一概念不同,价值往往涉及人们依据自己的品位、偏好或者目标、效用对于某事、某物或某种行为所给予的评判。亨特(Hunter)和萨利比(Saleeby)认为价值有四个明晰的特点:一是价值来自即时经验的概念抽象;二是价值会导致情绪性动员;三是价值是我们目标选择的标准;四是价值有更深的关切,会涉及生命、死亡、自由、权利等基本问题。② 价值往往因人(群)、环境不同而不同,在某种意义上具有一定的特殊性。原则与价值固然有上述区别,但是在社会政策领域,两者往往具有某种功能等价性,因此,本书将社会政策领域内秉持的重要信念和追求的重要价值均统称为社会政策的原则。

社会政策的原则指的是制定相关社会政策(如社会保障政策、教育政策、劳动力市场政策、社会住房政策等)时秉持的基本准则或指导思想。从社会福利思想史的角度来看,原则和理念深刻地塑造了现实中的社会福利制度安排。但需要指出的是,讨论社会政策的原则,并不是说所有的社会政策在事实上均遵循了这些基本原则,因为原则仅仅是

---

① 肯·布莱克默:《社会政策导论(第二版)》,第14页。布莱克默在三层含义上使用"原则"这一概念:一是原则经常包含道德或伦理的含义;二是规则;三是指维系社会政策的思想和理论,如边沁提出的功利主义等。

② Phyllis J. Day, *A New History of Social Welfare*, p. 3.

影响社会政策的因素之一，只能说这些原则反映了社会政策领域研究者们对于社会政策"应当是什么"的一种共识。也许，正如蒂特马斯所言，现实中的社会政策可能是某些群体的福利而同时可能是其他群体的损失，但不管如何，讨论社会政策原则的目的在于使社会政策的重要原则进入政策制定者的视野，成为政策设计的必要因素。

二、为什么是平等、效率、需要和自由

在不同国家、不同的历史时期，社会政策都深受政治哲学、社会学等思潮的影响和支配，尤其与资本主义的兴起具有密切的亲缘关系，是一个各色意识形态和价值观相互冲突、相互竞争的领域，在该领域，人们无法保持价值中立。社会政策尤其涉及政府对社会秩序和民生福祉的干预，因此，总是跟国家与社会以及政府与个人的关系纠结在一起。总的来说，在形形色色的意识形态和价值观念的讨论中，可以区分出群体的意象和个人的意象两大类。群体的意象往往将社会看作一个由各主要社会部门（如政治、经济和文化等）构成和相互作用的整体，强调整体功能的维系和良好运作；个人的意象不同于群体的意象，往往强调个人的主体实在性，将社会视为一个便利的指称名词，主张个人自由和个人权利（包括财产权）。具体到社会政策领域，这两类思潮形成了强调个人自由和强调集体福利连续统的两个端点，强调个人自由的主张反映在个人主义、自由主义等思潮中，强调集体福利的主张反映在社民主义和社群主义等思潮中，而功利主义则处于两者之间连续统上的某一点。总的来说，主张集体福利的思潮更强调平等和需要，个人主义思潮更强调效率和自由。同时，在社会和政治领域，平等往往优先于效率，而在经济领域，效率又往往优先于平等。

从社会政策的社会属性而言，需要、平等、正义、权利等被认为更

有利于维持社会整合。但是,需要小心的是,平等是不是应该成为一个压倒性的目标?为了追求平等,是不是应该将财富平均(再)分配给每一个人?从历史经验可以知道,追求绝对的平等是反生产力的,会导致经济活动的效率低下,窒息人们的创造力,最终导致社会财富的萎缩。在这种情况下,人人穷而平等是否还是可欲的目标?由此可知,财富创造对于社会的福利水平极为重要,市场是一种促进财富积累的有效机制,也是目前大多数国家采纳的经济体制。但是,市场必然产生贫富分化,产生不平等,市场失灵导致的经济危机会带来大量的失业甚至流离失所问题。这样说来,我们既需要某种程度的平等,同时也需要某种程度的效率,希望尽可能发挥两者的正向作用。从历史实践看,支撑西方福利国家体系背后的理念,如英国费边社的福利思想以及欧洲大陆的社会民主主义思想,均试图在平等与效率这一对矛盾之间维持一种平衡。从广义来说,福利国家体系由市场经济系统、民主选举政治系统以及福利制度系统三部分有机组成。社会政策(福利制度)作为调节政治系统和经济系统的媒介,需要同时考虑平等、效率、需要和自由的议题。

当然,不同学者从各自角度出发,对社会政策原则的观点不尽相同。德雷克(Drake)将社会政策的原则归纳为:自由(liberty/freedom)和平等(equality)、权利(rights)和需要(needs)、多样性(diversity)和差异性(difference)。[1] 尼古拉斯·迪肯认为自由(liberty/freedom)、平等(equality)、民主(democracy)和效率(efficiency)在各个阶段的福利议题上都具有基本的重要性。[2] 蒂特马斯认为,在关乎社会政策的所有理论和原则中,最根本的问题也许就是分配的正义(distributive

---

[1] Robert F. Drake, *The Principles of Social Policy* (New York: Palgrave, 2001), pp. 5-17.
[2] Nicholas Deakin, *The Politics of Welfare* (London: AKM Associates Ltd., 1987), p. 15.

justice）问题。① 吉尔伯特和特勒尔认为平等、公平和充足是社会政策的价值观。② 琼斯、布朗和布拉德绍认为社会政策必须要考虑平等（equality）与公平（equity）、普遍性与选择性之间的关系。③ 阿瑟·奥肯将平等和效率视为现代社会的重大抉择议题。④ 尼古拉斯·巴尔将社会公正和经济效率视为福利国家的原则和目标。⑤ 本书在总结各种观点的基础上，将平等、效率、需要和自由视为社会政策的基本原则。

第二节 平等、效率、需要、自由

社会政策的重要目标和价值就是在解决主要由市场风险所导致的社会问题过程中，尽可能实现平等、效率、需要和自由。但是，什么是平等？什么是效率？什么是需要？什么是自由？这四个概念均具开放性，包含不同的层面，不同的学者也有不同的诠释。

一、什么是平等

一提到平等，人们首先想到的往往是平等的反面，即不平等或者说贫富差距。社会中总是存在生活得好的人和生活得不好的人，生活得好的人衣着光鲜、住豪宅、开名车、出入高档会所、结交权贵名流，生活得不好的人可能每日为生计奔波，满面愁苦色，从事又脏又累、危险性高而薪酬低的工作，有时候可能无工作可以糊口。不平等甚至不只是贫或富的事，而是生或死的事，一般来说，富裕阶层的寿命会长于贫困

---

① Richard M. Titmuss：《社会政策10讲》，第130页。
② Neil Gilbert 等：《社会福利政策导论》，第102—106页。
③ Kathleen Jones 等：《社会政策要论》（詹火生译），巨流图书公司（台湾）1987年版。
④ 阿瑟·奥肯：《平等与效率》，华夏出版社1987年版。
⑤ 尼古拉斯·巴尔：《福利国家经济学》，第8—11页。

阶层。

下面我们来看看平等的词源及学者们对平等的诠释。

英语平等"equality"的词根是拉丁文的"aeqalitas",最初只是描述用语,指的是"表面的完满",但在15世纪以后,成为价值用语的"身份的对等""力量的对等"的诉求并成为现代市民革命的先导理念之一。① 英国基督教社会主义者理查德·亨利·托尼（Richard Henry Tawney）将平等分为机会的平等、条件的平等和结果的平等三种。② 此外,平等还包括依据贡献程度的大小对报酬进行分配的平等,即公平。

结果的平等指的是不考虑需要、能力或其他标准的不同,将资源平均分配,因此,结果的平等又被称为数量上的平等（numerical equality）。例如,现在有100个大小相同的苹果,分配给正在上课的100名同学一人一个,而不考虑这100个同学是否同样饥饿,就是结果的平等。简言之,数量的平等指的是用同样的方式对待每一个人——所有的人平均分配。中国历史上农民起义军经常提出的"均田地"口号,就是一种朴素的对平等的诉求,20世纪50年代我国对私营工商业进行的"社会主义改造"工程以及80年代"造原子弹的不如卖茶叶蛋的"社会现象也在某种程度上反映了对结果的平等的追求。

与结果的平等的分配方式不同,"公平"（equity）指的是处于合作关系中的人依据各自贡献程度的大小对所得到的回报进行分配,这被认为是正当的。作为资金和劳动力等投入的结果的服务、利益和名誉等,按其个人投入比例原则进行分配,也被称为"比例的平等"（propor-

---

① 출처정치학대사전편찬위원회（2002）,『21세기 정치학대사전』,데미리서치,이창곤（2014）,『복지국가를 만든 사람들』,인간과 복지에서 재발췌함.

② 정치학대사전편찬위원회,『21세기 정치학대사전』.

tional equality)。① 简言之，比例的平等是以同样的方式对待类似的人——根据他或她的优点和价值进行分配。在传统社会，身份是衡量公平的重要的标准，而在现代社会福利领域，需要是重要的标准。公平与结果的平等相比具有不平等性，但具有现实性，比如改革开放后提出的在社会主义初级阶段实行"按劳分配""多劳多得"的主张即属于公平的范畴。

机会均等指的是一个社会中的可欲之物（多指岗位、职务、机会等）的开放性，意思是具有相似动机和禀赋的人们得到可欲之物的可能性或者说概率是均等的，而不会受到他们的社会出身的影响。这个概念跟前面提到的物质财富分配方面的平等不同，机会均等的反面往往是歧视，如获得工作机会方面的歧视、获得信贷方面的歧视等等。机会均等往往包含起点平等的含义，起点平等也即托尼提出的条件的平等。起点平等来源于公平赛跑的思想，参加比赛的人们都站在同一条起跑线上，意指处于起跑线上的人具备相同的条件去参加竞争。如果没有起点的平等，机会均等就失去了实际意义，就成为将结果的不平等正当化的手段。因此，需要通过调节主要的社会制度，来从全社会的角度处理这种出发点方面的不平等，尽量排除社会历史和自然禀赋方面的偶然任意因素对于人们生活的影响。社会政策中典型的为实现机会均等或者说保障起点平等的政策有教育政策和家庭养育方面的政策，前者包括义务教育等政策，后者包括对贫困家庭儿童救助方面采取的营养补贴等政策。目前在贫困地区实施的"营养午餐计划"也属于此类社会政策。机会平等与公平往往是市场经济体系推崇的理念。

---

① 成清美治・加納光子编集『現代社会福祉用語の基礎知識（第一二版）』（学文社、二〇一五）、一〇五~一〇六ページ。

同时，在具体的操作层面，平等还涉及谁和谁之间的平等、平等的范围以及怎样实现平等等争论。

二、什么是效率

效率是一个经济学术语，市场经济体系的效率是建立在亚当·斯密的"看不见的手"的理论基础之上，即通过市场，贪欲被套上了笼头，以一种不受人的因素影响和表面上自动的方式为社会目标服务，一个竞争的市场向生产者传递着反映消费者价值偏好的信息。① 经济效率是关于在人们的偏好既定的条件下，如何将有限的资源充分利用的问题。巴尔将经济效率又分成了生产效率、产品组合效率和消费效率，认为三者的实现会实现总体的均衡。生产效率指的是在投入既定的情况下，生产行为能够获得最大的产出，比如用尽可能少的成本建造一所医院。产品组合效率指的是在生产技术和消费偏好既定的条件下，应生产出的最优产品组合，根据产品组合效率，建立一所医院并不是因为它的建造成本低，它所使用的费用如果被用来建一所学校的话，可能会给当地带来更大程度的满足，或者所用的土地可用来建造公园，不建医院省下来的钱可用来减税。消费效率指的是在其收入及所购买商品的价格既定的条件下，消费者应以使他们的效用最大化的方式来安排其收入，消费效率常用帕累托改进或者埃奇沃斯盒状图来分析。② 帕累托效率指的是在不损害社会成员中任何一个人的利益的情况下增进其他人的利益的资源分配状态，也被称为"帕累托最优"，一般来说，在完全竞争的市场中才能实现。在资源分配方面，效率包括三个层面：宏观效率、微观效率和激

---

① 阿瑟·奥肯：《平等与效率》，第43页。
② 尼古拉斯·巴尔：《福利国家经济学》，第75—78页。

励作用。① 宏观效率指的是GDP中的一部分专用于社会福利，政策应尽量避免可能造成的费用扩大；微观效率指的是政策应保证国家在不同类型的现金津贴和实物津贴之间做出有效的分配；激励作用指的是源于公共筹资的国家福利制度，其财政和福利给付结构应以实现劳动力供给、就业和储蓄的优化为目标。

同时，蒂特马斯将效率分为目标效率（target efficiency）和行政效率（administrative efficiency）。② 目标效率指的是政策所使用的资源集中用于政策目标人群上的程度，行政效率指的是为实现政策目标或者说递送社会政策过程中需要花费的管理成本的多少。行政效率往往与"漏篮子效应"（leaky basket effect）现象有关。例如，针对低收入阶层的现物（如面包、牛奶等）救助和现金救助中，现物救助的目标效率高而现金救助的行政效率高。因为现物被低收入家庭挪用的可能性低，所以目标效率高，但因为需要人力、物力去购置、贮存和发放现物救助，其行政管理成本高，所以行政效率反而低；与此相反，现金被挪用的可能性高而所需的管理成本低，因此现金救助的目标效率低而行政效率高。

因为资源是有限的，所以政策的效率是非常重要的政策原则，有效率的政策会用尽可能少的费用尽可能多地实现社会成员看重的价值或目标。为评估效率，需要做费用—结果分析或者费用—收益分析，但是，即便是同一个政策，由于对达成政策目标所使用的手段的价值判断不同，加上很难量化社会政策的结果，因此评价一个政策是否有效率并不容易。

---

① 尼古拉斯·巴尔：《福利国家经济学》，第8页。
② Richard M. Titmuss：《社会政策10讲》，第69—70页。

三、平等和效率的关系

"公平和效率是资源配置的两种不同的道德属性。"① 平等和效率两者均是现代市场经济社会的可欲目标，是驱动社会政策的背后理念，均不具有压倒性的优先权，但是两者往往被置于一种非此即彼的两难境地，认为选择平等就会损失效率，选择效率就会伤害平等。目前对平等和效率关系的讨论主要有四条路径：一是以边沁、密尔、哈撒尼为代表的功利主义，二是循霍布斯、休谟和洛克、卢梭、康德两条脉络至约翰·罗尔斯而来的"最大最小原则"（maximin rule），即分配的正义②，三是经济分析的路径，如奥肯主张的"在一个有效率的经济体中增进平等"的"漏桶试验"，四是托尼提出的经济民主化理论。

（一）功利主义

功利主义思潮对政府的政策制定影响很大，可以说是经济、政治领域主要的伦理框架。功利是指任何客体的这样一种性质：它倾向于给利益相关者带来实惠、好处、快乐、利益或幸福，或者倾向于防止利益相关者遭受损失、痛苦、祸患或不幸。功利主义认为趋乐避苦是一个基本的道德原则，判断个人行为正当与否的基本标准就是功利原则，一项行动如果产生的快乐多于痛苦，就是好的行动。这种精确计算一项行动产生的幸福总量并从中减去该项行动造成的痛苦量求得净余额的过程被称为"道德算数"。在从个人幸福的计算上升到对整个社会幸福的计算方面，功利主义强调不偏不倚的理性立法者的作用，立法者通过同情的认

---

① 帕萨·达斯古普塔：《大众经济学》（叶硕、谭静译），译林出版社2013年版，第85页。
② 关于第一条和第二条路径的讨论可参见肯·宾默尔：《博弈论与社会契约》第一卷（王小卫、钱勇译），上海财经大学出版社2003年版。

同（sympathetic identification）来感同身受所有人的欲望、进行必要的组织将它们变成一个融贯的欲望体系，并试图通过调整社会体系的规则来将这一体系的满足最大化。① 在实际操作方面，功利主义往往采纳成本—效益分析方法来计算社会整体的幸福总量，并不直接关注幸福的总量怎样在个人之间进行分配，或者说没有指定哪些人该得、哪些人该失。功利主义通过对行动事后结果的计算，避开政策选择时遭遇平等和效率之间的两难问题。

（二）分配的正义

罗尔斯利用思想实验方法，试图推演出西方现代民主社会的基本结构，用来支配权利和义务的分派、调节社会和经济利益的分配。② 他设计了一个"无知之幕"，用来过滤掉社会和自然的偶然性因素。无知之幕的后面是原初状态，在原初状态中，人们不知道自己的天资禀赋、阶级出身、善的观念甚至心理特征（如是否讨厌冒险、倾向于乐观还是悲观的气质），同时也不知道自己所处的社会的特殊环境，但被假定知道所有影响正义原则选择的一般事实，理解政治事务和经济理论原则，知道社会组织的基础和人的心理学法则。罗尔斯认为，原初状态下的人们会遵循"最大最小原则"得出两个正义原则：

第一原则：每个人对于与所有人所拥有的最广泛平等的基本自由体系相容的类似自由体系都应有一种平等的权利。

第二原则：社会和经济的不平等应这样安排，使它们：（1）在与正义的储存原则一致的情况下，适合于最少受惠者的最大利益；并且，（2）依系于在机会公平平等的条件下职务和地位向所有人开放。

---

① 约翰·罗尔斯：《正义论（修订版）》（何怀宏、何包钢、廖申白译），中国社会科学出版社 2009 年版，第 21—22 页。
② 关于罗尔斯正义论的内容详见上书第 2、3、5 章。

第一原则又称为自由的原则，第二原则中的（1）被称为差别的原则，（2）被称为机会均等的原则。其中，效率和平等的关系集中体现于罗尔斯对于差别原则的讨论，所谓差别原则指的是当差别原则得到满足时所有人都要获益。罗尔斯利用了帕累托最优的概念，但不是用其讨论对一定量固定物品的分配问题，而是假定由社会基本结构确定的社会合作是互相有利的。鉴于帕累托最优点有许多个，因此我们需要在这些有效率的分配中挑选一个，这时就需要采用其他的原则，比如用平等来补充，但一个社会应当避免使那些状况较好的人的边际贡献是负数。

（三）"漏桶试验"

对于平等和效率的关系，奥肯主张"在一个有效率的经济体中增进平等"[①]。奥肯认为，平等和效率都有价值且其中一方对另一方没有绝对的优先权，那么在它们冲突的方面就应该达成妥协。但是，需要指出的是，即使在彼此妥协的情况下，无论哪一方的牺牲都必须是公正的，尤其是那些允许经济不平等的社会决策必须是公正的，是促进经济效率的，如果不平等产生于因为机会更有利于某些群体的话，那么这种不平等更加令人难以忍受。奥肯认为，罗尔斯的差别原则的主张——最低收入家庭每失去1美元，社会就变得更糟糕一些，而无论其他人的社会收入如何——是不能接受的。奥肯提出了"漏桶试验"来讨论效率和平等，认为从富人那里通过税收的方式将一部分财富转给穷人，转移过程就像通过一个漏桶来进行，漏出的部分包括行政管理成本、工作消极和失误、储蓄和投资行为的扰乱以及社会经济态度潜在的变化，实际上，这种漏出代表一种非效率。那么，问题是，漏出量达到百分之多少的时候这种税收转移平均化方案就需要放弃呢？奥肯跟罗尔斯和弗里德

---

① 阿瑟·奥肯：《平等与效率》，第80—90页。

曼不同，认为需要通过民主政治活动来检查漏出量。

（四）经济民主化理论

平等是社会福利的一个中心目标，如同效率往往与市场联系在一起一样，平等往往与民主联系在一起。如果说市场产生贫富分化，那么民主则通过一人一票的投票权与之抗衡。相比效率而言，平等更是政治哲学①、社会福利、社会政策甚至经济学者的关心所在。英国经济史学家理查德·亨利·托尼从功能主义和基督教社会主义的角度提出了平等的主张，认为每个人由于其与造物主之间的共同关系而被赋予享有尊重的平等权利，并由此衍生出两点：首先，每个人被赋予其所需要的资源和机会，使其能够超越个人潜能极限的原则；其次，关于伙伴关系的思想，伙伴关系代表着源于认同所有人皆平等地拥有价值、所有人皆拥有同等地被尊重和关怀的社会关系，并且这种最强有力的平等是发展共同目标所必需的。② 在此基础上，托尼提出了经济民主化的主张，强调规制经济的权力，使之转换为公共的或准公共的功能。③

四、需要和自由

（一）需要

阿玛蒂亚·森认为，"不平等""相对剥夺"等概念并不能很好地把握贫困群体的实际生活质量，现代社会中仍存在大量的食不果腹、衣不蔽体等基本需要无法满足的绝对贫困现象。因此，人的需要尤其是基

---

① 平等在政治哲学领域往往以社会正义的名目出现，瓦克斯认为，对正义问题的现代论述倾向于关注社会如何能够最公平地分配社会生活的负担和利益。雷蒙德·瓦克斯：《法哲学：价值与事实》（谭宇生译），译林出版社 2013 年版，第 61 页。
② 艾伦·肯迪：《福利视角：思潮、意识形态及政策争论》，第 16—17 页。
③ 이창곤,『복지국가를 만든 사람들』.

本需要能够得到满足，是承认一个人生而为人的道义指标。从社会保护的角度看，满足物质上的需要往往要优先于对精神需要的满足，同时，因为社会资源的稀缺性，传统上往往会根据人们的"基本需要"（basic needs）来判断贫困与否。基本需要指的是人的各种需要中，对任何人而言都是共同的、维持人的生存所必需的最低水平的需要。基本需要不以人们在市场上的购买能力为前提，无论有没有支付能力都必须满足的作为人的需要。同时，基本需要还暗含有社会规范、社会期待的成分，因此，我们需要区别"需要"和"想要"这两个概念，需要具有社会规范性，而想要倾向于主观期望。例如，人们往往认为孩子需要多吃蔬菜而不是糖果、流浪者需要食物而不是酒，但孩子往往想要糖果甚于蔬菜、流浪者可能想要酒甚于食物。

马斯洛从人本主义的角度，将人的需要视为一种驱动力或产生驱动力的某种动机力量，按先后顺序划分为八个层次——生理需要、安全需要、爱和归属感的需要、受到尊重的需要、自我实现的需要、认知性需要、审美需要和超然性需要。① 低层次的需要一旦获得满足，就会出现其他更高层次的需要，身体就会受到这些需要的支配，依次类推直到最终满足一种开放性的情感和智慧的动机。由于经济发展水平及历史文化的影响，每个社会对于基本需要的范围的界定并不相同。莱恩·多亚尔和伊恩·高夫将人类的基本需要定义为成功地、真正地参与社会生活方式的普遍性先决条件，并将这些普遍性先决条件确定为身体健康及自主，主张"由于身体的存活和个人自主是任何文化中、任何个人行为的前提条件，所以它们构成了最基本的人类需要——这些需要必须在一定程度上得到满足，行为者才能有效地参与他们的生活方式，以实现任

---

① 罗伯特·亚当斯：《社会工作入门》（何欣译），北京大学出版社2016年版，第18页。

何有价值的目标"①。

（二）自由

"自由"这个常用语也是一个含混的字眼。虽然人人都希望能随心所欲，但这对于无时不处于社会关系中的人而言并不现实。一般来说，欧洲初期的自由思潮往往与宗教宽容有关②，后来在反抗王权的过程中个人主义的色彩逐渐浓厚。洛克将自由视同为财产的组成部分，写到"生命、自由和各种资产，我给它们一个总的名称——财产"，并区分了天赋自由和人在社会中的自由，认为天赋自由之下，人受自然法的管制，而在社会之中，人受政府的管制。③ 后经过康德道德律令的发展，到存在主义这里，自由意味着反对他律，强调理性的个人按照自我意志做出选择并承担责任。④

在社会政策领域，阿玛蒂亚·森提出的"以自由看待发展"的观点具有增进人们自由度的可操作性。森将发展视为一个人的"可行能力集合"的扩展，可行能力指的是一个人有可能实现的、各种可能的功能性活动组合。例如，一个节食的富人，就摄取的食物或营养量而言，其实现的功能性活动也许与一个赤贫而不得不挨饿的人相等，但区别在于两者具有不同的"可行性能力集合"，前者可以选择吃好并得到充足的营养，而后者却无法做到。⑤

---

① 莱恩·多亚尔、伊恩·高夫：《人的需要理论》（汪淳波、张宝莹译），商务印书馆2008年版，第63—98页。
② 罗素：《西方哲学史》下卷（马元德译），商务印书馆2004年版，第125—132页。
③ 亨利·威廉·斯皮格尔：《经济思想的成长》上册（晏智杰、刘宇飞、王长青、蒋怀栋译），中国社会科学出版社1999年版，第201页。
④ 赵敦华：《现代西方哲学新编》，北京大学出版社2001年版，第145—146页。
⑤ 阿玛蒂亚·森：《以自由看待发展》（任赜、于真译），中国人民大学出版社2012年版，第63页。

本章小结

本章讨论了社会政策的原则，认为社会政策的基本原则包括平等、效率、需要和自由，并梳理了平等与效率的关系。

第一，社会政策并不是随意制定出来的，其背后往往有某种理念、原则或者价值偏好的支撑。社会政策的基本原则指的是制定相关政策时秉持的基本准则或指导思想。

第二，社会政策的基本原则包括平等、效率、需要和自由。平等可以分为结果的平等（数量的平等）、公平（比例的平等）以及机会平等；效率包括目标效率和行政效率；人的基本需要指的是身体健康和个人自主；自由指的是人的"可行性能力集合"的扩展。

第三，平等和效率并不完全是零和关系，有时候可以实现正和关系。目前对平等和效率关系的讨论主要有四条路径：功利主义、分配的正义、"漏桶试验"以及经济民主化理论。

第四章　社会政策的理论视角

本章是关于社会政策的理论部分，共分成四节，第一节讨论社会政策系统与经济系统的关系，第二节讨论社会政策的研究视角，第三节梳理社会福利制度的类型，第四节讨论社会政策范式。

第一节　社会政策系统与经济系统的关系

社会政策是关系到人们的生计问题的制度安排，因此，需要对社会福利系统与经济系统之间的关系进行讨论。

一、生计组织的方式

说到底，社会福利关乎人们如何组织生计的制度和安排。一般来说，在现代社会，人们生活在家庭和社区当中，成年后进入劳动力市场，并在生活陷入贫困的时候获得国家或社会上适当组织的帮扶（一般情况下人们必须通过在工作期间缴纳税金或者保险费的形式获得给付资格）。在资源流动方面，市场的通行机制是交换，家庭和社区内部的机制往往是互惠，而国家救济的机制是再分配。如果我们按照交换、互惠和再分配的程度作交叉，就可以得到如图 4-1 所示的八种类型的社会体制。

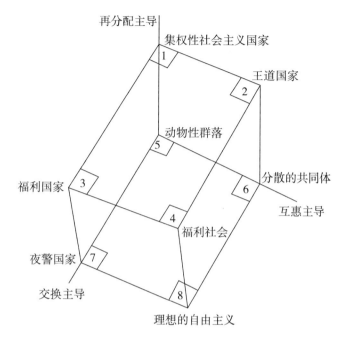

图 4-1　生计组织方式

资料来源：홍경준（1999），『한국의 사회복지체제 연구』，나남출판사。

这八种类型的社会体制分别是：

（1）集权性社会主义国家：人们的生计主要通过再分配来组织，这个社会不存在等价交换的市场或者分享互惠的自律团体。

（2）王道国家：通过自律的结社团体主导的互惠方式和道德垂范的中央政府实施的再分配来组织生计的社会。

（3）福利国家：虽然以市场交换为主导的生计组织方式占支配地位，但是同时，科层制国家会通过强制性再分配手段来矫正市场产生的问题，而互惠方式的作用因市场和国家的作用显著弱化。

（4）福利社会：市场交换活跃的同时，还存在矫正市场缺陷的再分配措施，在市场和国家之外，自律的、多种多样的结社团体通过互惠方式积极影响人们的生计，是一种理想的社会状态。

（5）动物性群落：因为不存在团体层次的生计组织方式，个体都互相独立，自己解决生计问题。

（6）分散的共同体：不存在负责再分配的中央权力，同时市场机制还不发达，生计主要通过个别的、分散的团体内部的互惠来实现。

（7）夜警国家：国家的作用专注于维持市场机构的运作，互惠性团体被市场吞没。

（8）理想的自由主义：多元的、分散的结社团体主导的互惠与市场进行的交换两者之间没有摩擦、共存互益的社会。

二、社会福利系统与经济系统的关系

从社会政策发展史来看，社会福利系统与经济系统紧密相关，早期的社会政策学者往往有将社会政策与经济政策两分并对立起来的倾向，社会福利政策被认为是作为市场经济衍生问题的矫正机制而出现的。吉尔伯特和特勒尔区分了"社会市场"（social market）和"经济市场"（economic market），其区分根据在于指导分配的原则和动机，社会市场主要根据经济需求、依赖性、利他情感、社会义务、慈善动机和对公共保障的希望来分配商品和服务，与此相对照，经济市场是以个人进取心、才能、生产能力和利润追求为基础通过市场经济来分配。①

但是现在，学者们大多认为，采取将社会政策与经济政策相联系的观点是重要的。其理由有三：一是福利的主要决定因素是经济状况；二是政府把资源转移到社会政策方面的角色应被视为与其在经济管理中的角色有着密切的甚至是依赖性联系；三是社会政策由关于经济的运作方

---

① Neil Gilbert 等：《社会福利政策导论》，第 78—79 页。

式的观点所决定,因此具体的社会政策需要在它们与经济政策的关系中来理解。① 与此相关的精彩论述可参见波兰尼的《大转型:我们时代的政治与经济起源》一书中的"斯品汉姆兰法令"部分。② 同时,在威权主义国家,经济系统的产出用于生产性积累部分及用于民众消费部分之间的比例关系也非常明显地影响到社会福利水平。同时,德国学者弗兰茨-克萨维尔·考夫曼认为社会政策本身也具有经济效益:"社会福利部门的功效对市场经济体系的功效具有补充功能:一方面,它们依赖市场经济体系,因为社会福利金主要是通过各种税费从市场经济体系的收益中筹集资金的;另一方面,它们自身也通过改善人力资本的教育状况、防止劳动力过早地劳损、促进人们的工作意愿、保持和提高劳动生产率,在很大程度上为提高市场经济体系的效率做出了贡献。……因此,社会政策本身就具有经济价值,不过这种价值只有从国民经济学的角度,而不是从企业经济学的角度才看得清楚。"③

在20世纪70年代石油危机之后的社会政策研究中,社会政策和经济政策两者之间的均衡和协作关系越来越受到重视,比如源自欧洲的社会质量理论、源自美国的资产建设理论以及针对第三世界的发展型社会政策理论等。因此,社会福利发展史上经济系统与社会福利系统、公民权利以及国家—社会关系之间显著的对应关系可总结如表4-1所示:

---

① Michael Hill, *Understanding Social Policy*, 7th ed., p. 6.
② 卡尔·波兰尼:《大转型:我们时代的政治与经济起源》(冯钢、刘阳译),浙江人民出版社2007年版,第67—74页。
③ 弗兰茨-克萨维尔·考夫曼:《社会福利国家面临的挑战》,第26页。

表 4-1　经济系统、社会福利系统、公民权利与国家—社会形态之间的关系

经济系统	社会福利系统	公民权利	国家—社会形态
自由放任的古典自由主义	济贫法	公民权及参政权	守夜人国家
凯恩斯主义	（准）蒂特马斯范式	社会权	干预国家
新自由主义/第三条道路	福利收缩	有条件的社会权	福利社会
生产主义福利资本主义	从属于经济政策	微弱	威权国家

资料来源：郑文换：《理解政策过程——中国农村社会养老保险政策试点模式研究》，社会科学文献出版社 2015 年版，第 111 页。表格内容略有调整。

需要注意的是，表 4-1 所示的社会福利的发展沿革并不是以历史阶段论或者线形发展观为基本预设，同时，四个范畴之间也并不是严格对等关系，可以说上述区分是社会福利历史实践和对这一实践过程历史轨迹的理论分析相结合的产物。尽管经济系统与社会福利系统从根源来说似乎天生就是相互背离的逆向关系，但是发展到现在，两者并不完全是零和关系，比如英国的费边主义就从凯恩斯主义中找到协调资本主义生产方式和社会民主制度之间的理论力量。无论如何，社会福利系统往往跟随经济系统的变化而变化，这一点非常明显地体现在社会政策诞生的初始阶段以及东亚社会中，同时，这也出现在 20 世纪 70 年代后西方福利国家的改革进程中。

第二节　社会政策的研究视角

第二次世界大战后社会福利制度在西欧各国纷纷确立，作为社会政策集大成的福利国家受到众多学者的高度关注，随之产生了众多关于社会政策源起、成长、变迁及其类型化的理论视角。

一、社会科学的研究范式

范式是科学史学家托马斯·库恩提出的概念,指称一种科学传统观念或者说某种科学理论所表现出来的世界观,强调观察依赖于理论的看法,并认为互相对立的范式的支持者是生活在不同的世界之中;后来库恩又把范式概念进一步严谨化,改称为"专业基体"(disciplinary matrix),包括四个相互联系相互作用的因素:符号概括、形而上学假定、价值和具体题解。[①] 社会政策学是社会科学研究的组成部分,因此,社会科学的研究范式会影响到社会政策研究。在讨论社会政策的理论视角前,我们需要了解一下社会科学的研究范式。社会科学的范式可以分为结构范式、功能范式、交换范式和互动范式,其区别如表4-2所示。

表 4-2 社会科学的范式类型

	结构范式	功能范式	交换范式	互动范式
生成的隐喻	机器	有机体	市场	对话
历史来源	军事策略	中世纪教堂	资产阶级经济学	文艺复兴
分析单位	正式结构	功能结构	理性能动者	有意图的行动者
行动动力	利益冲突	追求合作性目标	对稀缺资源的议价	创建象征性文化
动力(行动的基础)	利益(优先)	需要(先决条件)	欲望(效用)	意义(感受到的重要性)
稳定者(Stability Principal)	权力平衡	系统内稳	协商契约	情景的共享定义
秩序原则	纪律	等级	动机	黏合(Bonding)

资料来源:Douglas E. Mitchell, "Educational Policy Analysis: The State of the Art," *Educational Administration Quarterly*, Vol. 20, No. 3, 1984, pp. 129-160。

---

① 李宪如、石倬英:《从波普到拉卡托斯的科学哲学》,载葛力主编:《现代外国哲学》,山西人民出版社1984年版。

二、社会政策的研究视角

本书将社会政策的研究视角分为四类：第一类是经济的视角，第二类是阶级的视角，第三类是制度主义的视角，第四类是社会性别的视角。

（一）经济的视角

1. 工业化理论

工业化理论主张社会政策作为国家应对城市和工业扩张的公共手段，帮助市民抵御随之而来的经济不稳定和社会风险，即人们离开土地后依赖工资生活，不能解决生活中出现的风险问题，因此需要国家通过社会政策解决基本的社会保障问题，使市民能在非传统济贫法的法律地位上接受帮助。① 该理论倾向于认为一国社会政策的发展程度与该国的工业化程度呈现正相关关系。工业化理论视角因其功能主义色彩及隐含的线性发展观而受到批判。② 表 4-3 是 1820 年至 2008 年世界各地人均国内生产总值的情况。

表 4-3　1820—2008 年世界各地人均国内生产总值（美元）

	1820 年	1913 年	1940 年	1989 年	2008 年
英国	1706	4921	6856	16414	23742
荷兰	1838	4049	4832	16695	24695
西欧其他地区	1101	3608	4837	16880	21190
地中海地区的欧洲各国	945	1824	2018	11129	18218
北欧	898	2935	4534	17750	25221

---

① Pall Pierson, "Three Worlds of Welfare Research," *Comparative Political Studies*, Vol. 33, Issue 6/7, 2000, pp. 791-821.

② 考斯塔·艾斯平-安德森：《福利资本主义的三个世界》（郑秉文译），法律出版社 2003 年版，第 20 页。

续表

	1820 年	1913 年	1940 年	1989 年	2008 年
美国、加拿大、新西兰和澳大利亚	1202	5233	6838	21255	30152
东欧	683	1695	1969	5905	8569
苏联	688	1488	2144	7112	7904
阿根廷、乌拉圭和智利	712	3524	3894	6453	8885
拉丁美洲其他国家	636	1132	1551	4965	6751
日本	669	1387	2874	17943	22816
中国	600	552	562	1834	6725
印度次大陆	533	673	686	1232	2698
东亚其他地区	562	830	840	2419	4521
中东及北非	561	994	1600	3879	5779
撒哈拉沙漠以南的非洲地区	415	568	754	1166	1387
全世界	666	1524	1958	5130	7614

注：表中数据统一用1990年的美元价格作为基本单位进行了换算。

资料来源：罗伯特·C. 艾伦：《全球经济史》（陆赟译），译林出版社2015年版，第4—5页。

2. 全球化理论

影响社会政策的全球化理论主要指的是新自由主义经济学推崇的经济活动的跨国界发展，即资本的流动不再受民族国家界限的限制，经济活动开始超越国界在全球范围内形成了一个相互依赖、相互影响和相互制约的统一的市场。社会政策的制定、实施往往局限于民族国家内部并且以该国经济体为其经济支撑，可以说，福利国家是以其对国内经济的控制为前提的，但是，经济全球化使得民族国家越来越难以控制本国资本的流动从而难以控制经济活动，这对国家的独立性产生了冲击；与此同时，为留住资本，对国家而言也产生了削减劳工福利的压力，因此，全球化理论被用来解释福利国家的收缩。历史制度主义批判全球化理论忽视了制度的关键作用。

(二) 阶级的视角

1. 权力资源理论

源于北欧的权力资源理论 (Power Resources Theory) 是在批判多元主义的基础上形成的,在20世纪七八十年代比较盛行,其中资源主要指的是经济资源和政治资源。该理论的代表人物是科皮 (Korpi)、艾斯平-安德森 (Esping-Andersen) 和斯蒂芬斯 (Stephens) 等人。该理论认为社会政策是资本主义国家中工人阶级在政治民主体制内与资产阶级进行斗争的产物。与拥有经济资源的资本家相比,工人阶级凭借一人一票形成的民主体制内的政治多数,可以与掌握经济资源的资产阶级相抗衡。① 具体来说,资本家控制经济资源,而社会民主党、工党等工人阶级组织拥有一人一票的政治资源。对权力资源理论的批判主要集中在三点:一是该理论采用政治和经济两分法,但实际上福利政策是整个经济体系的有机组成部分;二是该理论忽视了雇主在推动福利政策方面的作用;三是全球化理论对权力资源理论形成了挑战,权力资源可以解释福利国家之间的不同,但无法解释全球化进程中福利国家的趋同,即在资本流动的压力下,各国为留住资本而对福利采取的紧缩态度。

2. 西方马克思主义的视角

马克思认为经济结构决定社会所有其他制度的构成,包括福利制度。西方马克思主义者吸收了马克思的观点,认为福利资本主义体系中的社会公民身份承载着国家保障的社会权利,但不能从根本上改变一个

---

① Walter Korpi, *The Democratic Class Struggle* (London: Routledge & Kegan Paul, 1983), pp. 14-25.

正常运行的资本主义经济体系中的阶级关系,因此只有革除资本主义才能真正解决社会问题。① 艾斯平-安德森认为有三个因素在解释福利国家发展方面非常重要:阶级动员的性质(尤其是工人阶级)、阶级政治联盟的结构以及福利国家体制制度化的历史传承。② 法兰克福学派学者奥菲认为资本主义国家的政治权力由双重因素所决定:国家的制度形式由民主制和代议制的政府规则所决定。而国家权力的物质内容则由积累过程的持续性要求所决定,但是福利国家通过"行政性再商品化"的干预取代了市场的自我纠正机制,剥夺了资本持有人改变其价值使用的范围,给资本持有人增加了负担,而这种情况又进一步要求国家"行政性再商品化"的干预,进而陷入结构性矛盾之中。一言以蔽之,即"福利国家令人尴尬的秘密在于:尽管它对资本主义积累的影响很可能是破坏性的,然而废除福利国家所带来的影响简直是毁灭性的"③。

3. 雇主理论

雇主理论一改雇主是社会政策的阻挠者和反对者的观点,认为社会政策的关键运作者是雇主,雇主对政策的支持或者反对对政策的命运至关重要。该理论与制度主义相结合,认为制度安排会影响到雇主的选择和策略。伍德借鉴索斯凯斯的比较制度优势(comparative institutional advantage)理论分析了德国、英国和瑞典的劳动力市场体制,认为德国雇主在全球化冲击下仍致力于维持工会的集体力量以及对工人的长期保障,英国雇主则与工会联合起来成功反对政府试图以立法条令组建有组织的集体谈判的努力,推动劳动力市场的激进改革、提高劳动力市场的

---

① Vic George and Paul Wilding, *Idedogy and Social Welfare* (London, Boston and Henley: Rootledge and Kegan Paul, 1976), pp. 85-105.
② 考斯塔·艾斯平-安德森:《福利资本主义的三个世界》,第32—33页。
③ 克劳斯·奥菲:《福利国家的矛盾》,第15—24页。

灵活性进而降低劳动成本增强企业的竞争能力，瑞典雇主在政府保护劳动利益的措施面前，从最高层协商谈判中单方面撤出，将谈判层次从国家层次降到了部门层次。①

4. 社会团结理论

鲍德温认为劳工阶级视角对福利国家的解释太窄，因为社会的风险范畴和阶级并非总是一致，即劳工阶级的视角无法解释变异（variations）。鲍德温认为劳工视角可以很好地解释20世纪30年代斯堪的纳维亚以及贝弗里奇时代的英国的情况，但是无法解释非社民党执政却能达到斯堪的纳维亚的福利支出水平的德国的情况，也无法解释在20世纪六七十年代以贝弗里奇和北欧模式为基础的立法遭到了左派的反对却在中产阶级的支持下获得通过的法国和德国的情况。鲍德温认为社会团结是由需要（need）界定的正义，而需要上升为权利的根据在于市场上的相互依赖性以及风险的相互性，通过将风险与阶级相区分，进而主张风险范畴塑造了行动者；同时，认为福利国家是改革（reform）而不是革命（revolution），需要的是共识（consensus）而不是强加（imposed），因此强调社会团结中中产阶级的力量，主张福利国家不是通过再分配而是通过重新分摊风险和不幸的成本来平等对待每位成员。②

（三）制度主义的视角

1. 国家—中心理论

国家—中心理论（State-centered Theory）在批判社会中心论（如多元主义、结构功能主义等）的基础上，受到德国学者韦伯（Weber）

---

① 斯图尔德·伍德：《劳动力市场体制受到威胁了吗？德国、英国和瑞典的持续性源泉》，载保罗·皮尔逊编：《福利制度的新政治学》，第530—592页。

② Peter Baldwin, *The Politics of Social Solidarity: Class Bases of the European Welfare State 1875-1975*, pp. 1, 7, 9, 18, 30-31, 33, 297.

和欣策（Hintze）的国家理论的影响而出现，代表人物是斯考克波（Skocpol）、埃文斯（Evans）等人。国家—中心理论认为应将国家视为必须站在国内社会政治秩序与跨国关系二者的交叉面上的一个独立行为主体，该主体通过组织凝聚力很强的国家职业官僚集体来制定和实施独立于社会上主流利益团体的政策和目标。该理论的核心概念是"国家自主性"（state autonomy）和"国家能力"（state capacity）。国家自主性指的是国家作为对特定领土和人民主张其控制权的组织，可能会确立并追求一些并非仅仅是反映利益集团或阶级的需要或利益的目标；国家能力指的是国家在实施其目标时，尤其在其目标遭到强势利益集团的反对或者面临不利的社会经济环境时贯彻其意志的行动力。[①] 斯考克波发现无论工业化视角还是阶级视角都无法解释美国社会政策形成的模式，通过与欧洲大陆的历史脉络进行比较后，凸显出美国母性社会福利政策形成的原因与经过，基本结论是美国相对于欧洲大陆国家而言，是一个新兴国家，在国家形成过程中，各种制度处于形成期，福利制度与国家大的结构的形成紧密相连。[②]

2. 新制度主义视角

政策过程是一个既有行动又有制度的过程，没有行动就不会有政策制定以及政策创新，同时，行动又不是任意发起的，而是深深受到制度的局限和使能。新制度主义视角主要包括理性选择制度主义、社会学制度主义和历史制度主义（包括理念制度主义）三个流派，这三个流派

[①] 西达·斯考克波：《找回国家——当前研究的战略分析》，载彼得·埃文斯、迪特里希·鲁施迈耶、西达·斯考克波编：《找回国家》（方力维等译），生活·读书·新知三联书店2009年版，第2—27页。

[②] Theda Skocpol, "State Formation and Social Policy in the United States," *American Behavioral Scientist*, Vol. 35, Issue 4/5, 1992, pp. 1-23.

有各自的起源。① 伊默古特认为新制度主义是在批判行为主义和社会决定论的情况下产生的，认为行为主义者是后验的，因为他们更重视过程，社会决定论者是先验的，因为他们有客观的标准，而制度主义企图在先验和后验之间"化圆为方"（square the circle）。三个流派的区别详见表4-4。

表4-4　新制度主义流派的区别

	理性选择制度主义	社会学制度主义	历史制度主义
利益	策略因素导致理性行动者选择次优均衡（如囚徒困境、公地悲剧）	行动者不知道他们的利益，有限的实践和信息导致他们依靠程序和其他过程性规则（有限理性）	行动者对其利益的解释由有其自身历史的集体组织和制度塑造
政治过程	没有秩序、规则就不能达成公共利益；国会投票程序规则、划分管辖权等影响结果	组织间和组织内过程塑造结果，如垃圾桶模型，努力实现行政再组织和政策执行	政治过程由宪法和政治制度、国家结构、国家—利益集团关系、政策网络、时点的权变结构化
规范	埃尔斯特：没有正式理性手段的实质理性目的无效 布坎南和塔洛克：通过一致同意规则和获取选票来最大化效率 帕克尔：大众意志深不可测，民主由三权分立约束	佩罗：科层权力和有限理性的含义	洛维：强化以国会为基础的司法民主，对规则而不是特定结果进行审议，需要公共哲学

---

① 三种新制度主义在20世纪90年代分别出版了论文集，理性选择制度主义的论文集见 Karen S. Cook and Margaret Levi, eds., *The Limits of Rationality* (Chicago: The University of Chicago Press, 1990)；历史制度主义的论文集见 Sven Steinmo, Kathleen Thelen and Frank Longstreth, eds., *Structuring Politics: Historical Institutionalism in Comparative Analysis* (Cambridge: Cambridge University Press, 1992)；社会学制度主义的论文集见 Walter Powell and Paul J. DiMaggio, eds., *The New Institutionalism in Organizational Analysis* (Chicago: The University of Chicago Press, 1991)。

续表

	理性选择制度主义	社会学制度主义	历史制度主义
行动者	理性的	认知局限的	自我反思的（社会文化和历史规范，但是革新传统）
权力	单方行动的能力	取决于在组织等级中的位置	取决于国家承认、参与决策、政治代表和心智构念（mental constructs）
制度机制	通过规则（依赖有争议的规范）组织选择	通过次序、常规、脚本、框架（包括规范）来组织选择和计算利益	通过规则、机构、规范和理念来组织选择、计算利益和形成目标

资料来源：Euen M. Immergut, "The Theoretical Core of the New Institutionalism," *Politics & Society*, Vol. 26, No. 1, 1998, pp. 5-34。表格内容略有调整。

利用（历史）制度主义进行政策研究的文献非常多。比如，伊默古特在分析法国、瑞士及瑞典的健康政策的出台时，通过三国医疗卫生政策领域的博弈规则链条之中否决点位置的不同，很好地解释了三国医疗保险政策的不同。[1] 又如，皮尔逊在比较英美两国在撒切尔、里根执政都致力于福利收缩其结果却不相同时，分析了两国制度发挥的作用。[2]

（四）社会性别的视角

20世纪70年代早期，女性主义者开始批判福利国家，认为其强化了女性对男性的依赖。保罗·皮尔逊认为性别的视角对福利国家研究的重要意义在于两点：一是它解释了为什么传统的福利国家的研究成果需

---

[1] Euen M. Immergut, "The Theoretical Core of the New Institutionalism."
[2] 保罗·皮尔逊：《拆散福利国家——里根、撒切尔和紧缩政治学》（舒绍福译），吉林出版集团2007年版。

要重新再概念化和扩展；二是它强调了性别问题及妇女政治活动在福利国家形成和发展中的贡献。性别视角认为传统的福利国家研究是建立在以男性就业、女性照顾家庭为基础的体系上，社会福利供给系统（systems of social provision）可以解释发达福利国家之间在贫困率、经济不平等水平、社会风险脆弱度等方面的变异程度，但传统研究忽视了性别这个解释因素与社会福利供给系统是联动的这一情况，故探索这些联动性（linkages）和它们的政治根源是性别视角的核心抱负。性别视角同时批判传统的福利国家研究往往采纳国家—市场两分法，而忽视家庭的作用，这会导致错误的结论。比如，政治经济学视角假定私营生产性部门会反对公营非生产性部门，但在引入性别—家庭的视角后，瑞典的例子否定了这一传统研究假设。

第三节 社会福利制度的类型

类型分析是社会福利研究的重要组成部分，有助于我们简明扼要地抓住各种社会福利制度的特点。

一、残余型社会政策与制度型社会政策

威廉斯基和黎鲍克斯（Wilensky & Lebeaux）在1965年合著的《工业社会与社会福利》一书中，将各种社会福利体系想象成一个连续体，并描述了两个极端类型，即残余型和制度型，认为当一国开始工业化后，其社会福利的实施就会从残余型向制度型方向演变。[①] 残余型和制度型的内涵与蒂特马斯的社会政策模型中的A模型和C模型大致相同。

---

① 郑功成：《社会保障学——理念、制度、实践与思辨》，商务印书馆2000年版，第90页。

二、蒂特马斯的 A、B、C 模型

蒂特马斯提出了 A、B、C 三种社会政策模型,这三种模型均考虑到现代社会的工作伦理和家庭制度的问题。①

A 模型:社会政策的剩余福利模型(The Residual Welfare Model of Social Policy)。该模型的前提假设是私有市场和家庭是两个自然的渠道,个人的需要可以通过它们获得适当满足,只有当两者崩溃的时候,社会福利措施才应该一时性地介入。模型的理论基础可以追溯到英国的《济贫法》,并可以从斯宾塞、拉德克利夫-布朗等社会学家以及弗里德曼、哈耶克等经济学家主张的有机体—动力学(dynamism)—生物的社会理论中得到支持。

B 模型:社会政策的工作能力—成绩模型(The Industrial Achievement-Performance Model of Social Policy)。该模型视社会福利措施为经济的附属品,认为应该论功行赏,按照个人的优点、工作表现和生产能力来满足其社会需要。该模型衍生自关切激励、勤奋与报酬、阶级与群体归属的形成等经济学和心理学理论,也被称为"婢女模型"(Handmaiden Model)。如在苏联和德国,养老金的额度及类似津贴往往与工作者的就业年限、职位和工作表现相关联。

C 模型:社会政策的制度性再分配模型(The Institutional Redistributive Model of Social Policy)。该模型将社会福利视为社会主要的整合制度,它在市场以外,按照需要的原则,提供普遍性服务,其基础一部分来自关于社会变迁及经济制度的多重效果的理论,一部分来自社会平等的原则。C 模型是蒂特马斯推崇的模式,他认为这种制度性途径能够再分配资源、减少不平等、促进社会团结。

---

① Richard M. Titmuss:《社会政策10讲》,第18—19页。

三、福利资本主义的三个世界

考斯塔·艾斯平-安德森在 1990 年出版的《福利资本主义的三个世界》(The Three Worlds of Welfare Capitalism) 中，以劳动力的"去商品化"(de-commodification) 程度为基准的社会权利、社会分层和国家—市场—家庭三者之间的关系为主要标准，将福利资本主义体制类型区分为三种：自由主义福利国家、保守主义（统合主义）福利国家以及社会民主主义福利国家。

自由主义福利国家中居支配地位的福利制度是家计审查式的公共救助，此外有少量的普惠式转移支付或作用有限的社会保险计划。救助的资格条件十分苛刻，通常带有羞辱性并且给付数额极为有限，因此，这种体制的非商品化效果最低，能够有力地抑制社会权利的扩张，形成社会分层化体制。典型国家是美国、加拿大和澳大利亚。

保守主义福利国家关注对既有的阶级分化的保护，权利依阶级归属和社会地位而定，多实行国家—雇主—雇员三者组成的国家层次的统合主义，同时，还受教会影响十分重视保护传统的家庭关系。社会保险项目将没有工作的妻子排除在外，但同时又通过家庭给付鼓励她们留守家里，因此，日托及家庭服务发展得极不充分，只有当家庭满足不了其成员的需要时，国家才会介入，发挥辅助作用。典型国家包括奥地利、法国、德国和意大利。

社会民主主义福利国家将普惠主义原则和非商品化的社会权利扩展到新中产阶级，在这些国家，社会民主制度是社会改革的主要推动力。这一模式将市场排除在外，建立起一种支持福利国家的、真正普遍而广泛的共同责任。在家庭方面，预先将家庭成本社会化，最大限度地增强个人的独立性。该模式最突出的特点是福利和劳动两者的结合，它既承诺保证充分就业，又要完全依赖充分就业所取得的成就。典型国家是斯堪的纳维亚国家。

四、科皮和帕尔梅的五种理想类型

科皮和帕尔梅（Palme）按照授权基础、给付水平原则以及项目管理中雇主—雇员之间有无合作三个标准，将社会保障制度划分成了五种理想类型：标的型（targeted）、自愿的国家补贴型（voluntary state subsidized）、统合主义型（corporatist）、基本保障型（basic security）、涵纳型（encompassing）。其结构特点如图4-2所示，图中横线代表定额给付，竖线代表收入关联给付，圆形或卵形表示自愿形成的共济组织。

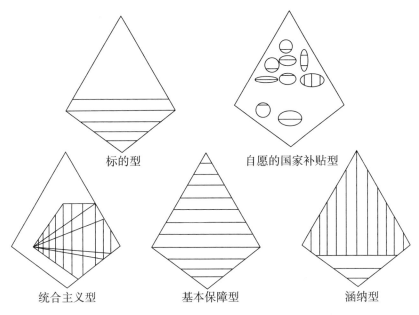

图4-2 社会保障制度的理想类型

资料来源：Walter Korpi and Joakim Palme, "The Paradox of Redistribution and Strategies of Equality: Welfare State Institutions, Inequality, and Poverty in the Western Countries," *American Sociological Review*, Vol. 63, 1998, pp. 661-687。

标的型社会保障制度广泛适用家计审查，给付限于贫困层，贫困层以外的阶层不能得到给付。自愿的国家补贴型社会保障制度中，保险给付是任意的，因此适用范围不具有普适性，给付可以采取定额制或收入关联制，不同社会阶层的人有不同的社会保障制度，该类型要求以积极的劳动参与作为资格条件，因此，工会的加入率会严重影响保险项目的适用范围。统合主义型同样也要求以积极的劳动参与作为资格条件，因此不是普适的，同时，强制保险制度往往将最高收入阶层排除在外。基本保障型社会保障制度中，所有人都有资格接受同样的给付。涵纳型社会保障制度中，除了基础保障外，还导入了与收入关联的给付。五种社会保障制度的理想类型的特点见表4-5。

表4-5 五种社会保障制度的理想类型的特点

模式	授权基础	给付水平原则	项目管理中的雇主—雇员合作
标的型	证明的需要	最低	无
自愿的国家补贴型	成员资格缴费	均一给付或收入关联	无
统合主义型	职别分类及劳工参与	收入关联	有
基本保障型	成员资格或缴费	均一给付	无
涵纳型	成员资格及劳工参与	均一给付及收入关联	无

资料来源：Walter Korpi and Joakim Palme, "The Paradox of Redistribution and Strategies of Equality: Welfare State Institutions, Inequality, and Poverty in the Western Countries."

五、生产主义福利资本主义

霍利迪（Holliday）认为，东亚的福利资本主义体系无法归类进艾斯平-安德森提出的福利资本主义的三种类型。霍利迪利用"去商品化""社会权利的质量""社会分层"以及"国家、市场和家庭三者间的关系"将福利资本主义类型划分为四类,前三类与艾斯平-安德森的上述类型一致,第四类被命名为"生产主义福利资本主义"(productivist welfare capitalism),包括日本、韩国等国家和中国香港、台湾等地区。生产主义的福利资本主义指的是在威权政府政治环境下,社会福利系统从属于经济发展的目标并为之服务,权利观意义上人们的福利权利很少。四种福利资本主义的特点见表4-6。

表4-6 四种福利资本主义的特点

	社会政策	社会权利	分层效果	国家、市场和家庭三者的关系
自由的	非优先亦非服从(neither privileged nor subordinate)	最小限度	少数人的平等的贫困;大多数人的市场区分的福利	鼓励市场提供
保守的	非优先亦非服从	相当广泛	保留既存地位导致的区分	保护家庭
社会民主主义的	优先的	广泛的	根据惯常的收入逐渐普遍的给付	市场挤出;家庭社会化
生产主义的	从属于经济发展的目标	最小限度;随生产活动而扩展	强化生产要素	以压倒性增长目标为前提

资料来源:Ian Holliday, "Productivist Welfare Capitalism: Social Policy in East Asia," *Political Studies*, Vol. 48, 2000, pp. 706-723。

六、地中海福利国家

约翰·贾勒(John Gal)认为地中海附近的八个国家——塞浦路斯、希腊、以色列、意大利、马耳他、西班牙、葡萄牙和土耳其——共享某些相同和相关的特征,而这些特征不同于艾斯平-安德森的福利资本主义的三种类型。① 上述八个地中海国家的共同或相关特征包括相对延迟的工业化进程、较低的人均 GDP 水平（意大利可能除外）及较高的贫困率、劳动力市场分割及较大的影子经济、殖民统治或非民主政体的近期记忆、软弱的中央政府及无效的公共行政。除了上述政治、经济状况外，地中海国家通常具有塑造其福利国家独特性的三种广泛的文化属性，即宗教、家庭向心性以及政治上持续的"恩庇主义"（clientelistic-particularistic forms）。

七、分化的福利国家与一体化福利国家

米什拉（Mishra）将西方福利国家 20 世纪 70 年代石油危机前后两个阶段分别称为"分化的福利国家"（differentiated welfare state，DWS）和"一体化福利国家"（integrated welfare state，IWS）阶段。DWS 阶段即凯恩斯-贝弗里奇阶段，基本上将社会福利政策视为一个自在的领域，一个大体上与经济、工业和公共部分不相关的、独特的领域，也被称作"多元福利国家"（the pluralist welfare state）；而 IWS 阶段即后凯恩斯阶段，基本上将社会福利政策视为一个跟经济、工业和公共部分紧密联系在一起的领域，也被称作"统合福利国家"（the corporatist welfare state）。②

第四节　社会政策范式

美国政治经济学者霍尔（Hall）将历史制度主义对"理念"的重视与"范式"这一概念结合起来，提出了"政策范式"的概念，用来

---

① John Gal, "Is There an Extended Family of Mediterranean Welfare States?" *Journal of European Social Policy*, Vol. 20, No. 4, 2010, pp. 283-300.

② Ramesh Mishra, *The Welfare State in Crisis: Social Thought and Social Change*, pp. 102-103.

区别总体性、内核性不同的政策体系。在霍尔那里，政策范式指的是一套理念和标准的框架，它不仅明确政策的目标和实现目标的工具种类，而且包括明确打算要解决的问题的本质。① 本节将简单介绍第二次世界大战后盛行的蒂特马斯范式与准蒂特马斯范式以及目前在中国学术界盛行的社会质量、资产建设及社会发展三种范式。

一、蒂特马斯范式与准蒂特马斯范式

蒂特马斯受理查德·托尼的影响，强调社会政策中的平等和利他主义的价值，将福利视为对受社会伤害的人群的补偿，认为福利具备同时实现两个目的的独特潜能：一是它能够再分配资源，并因此减少不平等；二是它能够通过过程和制度实现这种再分配，而这样的过程和制度本身能够促进社会整合并鼓励伙伴关系，即将平等视为转变社会关系的手段。与蒂特马斯范式相比，准蒂特马斯范式更少考虑培育利他主义和社会群体意识，将平等视为一种分配性公正并将收入和财富再分配的需要看作是不证自明的，并且强调资源和机会的开放更依赖于人在社会结构中所处的位置。②

二、社会质量范式

"社会质量范式"是一个纯粹来自欧洲的概念，具体可追溯到欧洲委员会的两个（关于排斥和老年人的）观察机构于20世纪90年代初召开的一系列相关工作成果会议。社会质量开始指的是一种标准，一种用来衡量公民的日常生活质量是否达到欧洲社会可以接受的水平的标准。这一概念的生命力在于比传统的社会指标——如贫困、社会排斥、基本

---

① Peter A. Hall, "Policy Paradigms, Social Learning, and the State: The Case of Economic Policymaking in Britain," *Comparative Politics*, Vol. 25, No. 3, 1993, pp. 275-296.
② 艾伦·迪肯：《福利视角：思潮、意识形态及政策争论》，第17—23页。

需要以及生命质量——更宽泛，同时还可以将结构因素和个体因素结合起来。社会质量被界定为"民众在提升其福祉和个人潜能的条件下，能够参与社区的社会经济生活的程度"①，其中"社会"指人的社会性或者说社会关系性，"质量"指个体作为社会存在的自我实现。该概念为政策制定者提供了指引，20世纪90年代欧洲委员会的要员们公开承认社会质量在塑造欧洲社会政策上的重要性，该概念精神集中体现在欧洲委员会的《社会政策议程》以及《阿姆斯特丹宣言》中，宣言宣称公民可以获得一个可接受水平的经济安全和社会融入、生活在团结的社区并且被赋权去充分发展他们的潜能。②

三、资产建设范式

"资产建设"由美国学者迈克尔·谢若登在1991年发表的《资产与穷人——一项新的美国福利政策》一书中提出。资产建设认为是否拥有资产是富人跟穷人之间一个很重要的差别，拥有资产会对人的行为产生许多积极的影响，如更具有未来取向、更多的人力资本投资、更积极的社会参与。因此，该理论认为社会政策应该更多地关注穷人的储蓄、投资和资产积累，而不是像以前那样集中在收入和消费上，并具体提出了一项名为"个人发展账户"的配额储蓄账户议案。资产建设影响广泛，个人发展账户已经在美国四十多个州推行，加拿大、英国、澳大利亚、乌干达等国家也实施了个人发展账户或类似项目。③

---

① 转引自艾伦·沃克：《21世纪的社会政策：最低标准，抑或社会质量》，载杨团、关信平主编：《当代社会政策研究》，天津人民出版社2006年版，第165—197页。
② Menachem Monnickendam and Yitzhak Berman, "An Empirical Analysis of the Interrelationship between Components of the Social Quality Theoretical Construct," Social Indicators Research, Vol. 86, No. 3, 2008, pp. 525-538.
③ 迈克尔·谢若登：《资产与穷人：一项新的美国福利政策》（高鉴国译），商务印书馆2005年版。

四、社会发展范式

社会发展范式由美国学者詹姆斯·梅志里和英国学者安东尼·哈尔归纳总结第三世界的实践经验而来,该范式强调生计的发展,要求社会政策应该从强调福利提供转向生计维持,也就是强调社会政策与经济政策的有机融合,其学理基础更多地来自于政治学或者说政治经济学的见解。"社会发展"目前已经成为一个伞形术语,主要包括社会服务、土地改革、乡村发展、人们的参与、人口规划以及旨在改善贫困状况和提高生活水平的国家战略。概言之,社会发展指的是一种规划的社会变化过程,旨在与经济发展的动态过程的协同下促进整体人口的福祉,认为平等性与发展性目标并非相互对抗,而是相互补充。① 该范式不仅直接影响了第三世界对于生计和发展的强调,还试图在发达国家推动实现经济政策与社会目标的融合。

五、社会质量、资产建设和社会发展的异同

社会质量、资产建设和社会发展这三种政策范式虽然非常不同,但是至少在两个方面具有共同之处。一是三者作为西方福利国家收缩/改革之后出现的替代方案,均超越了过去主宰社会福利思路的残余性和制度性路径;二是三者均认识到传统的福利思路的缺陷在于将社会政策与经济政策二分、将社会政策视为经济政策的附庸,而三者均试图实现社会政策与经济政策的均衡或融合。虽然有共同之处,但是三者仍在关键维度——问题本质的界定、理念框架、政策工具上具有重大的区别,具体内容详见表4-7。

---

① 詹姆斯·米奇利:《社会发展:社会福利视角下的发展观》(苗正民译),格致出版社、上海人民出版社2009年版,第40页。(米奇利也译为"梅志里",本书采用"梅志里"。)

表 4-7　社会质量、资产建设和社会发展的区别

	社会质量	资产建设	社会发展
问题本质的界定	新自由主义导致欧洲的福利国家越来越沦落为蒂特马斯提出的婢女模型,导致非政府部门的过度经济化以及"从公民权撤退至私领域"的危险,损伤人的社会性,出现社会关系断裂等社会问题。	福利国家提供公共福利的非效率性,常规的济贫措施如发放救济金只能解决穷人短期消费的问题,穷人却没办法靠其摆脱贫困,同时,发达国家的济贫制度不是促进而是限制着穷人积累财富。	经济发展与社会匮乏的共存这一悖论是经济政策和社会政策之间不均衡和不协调导致的扭曲发展的结果,单方面追求经济发展没能带来相应程度的社会进步,发达国家也出现了社会排斥等社会问题;在发展中国家,问题的本质在于普通民众应对风险的生计系统的脆弱性。
理念框架	借鉴哈贝马斯有关现代社会的系统和生活世界的观点,其伦理和意识形态视角来自于鲍曼对私人满足与否的担忧取代公共物品的担忧。在这一思想脉络下,社会质量范式将人视为社会性存在,其本体论是强调互动和沟通的社会关系过程,注重集体责任和个人责任之间的微妙平衡。①	借鉴新古典经济学、心理学与社会学、行为经济学,认为资产有各种重要的社会、心理和经济效应,同时强调制度的作用,制度作为结构性机会形塑机会、限制结果,可以激发人们储蓄和积累资产。②	现代发展语境下的政治学或政治经济学的学理基础,由国家主导的有公民社会、民营商业部门、国际发展机构等多方参与的社会行动,强调系统性和跨部门合作。③

---

① 艾伦·沃克:《社会质量取向:连接亚洲与欧洲的桥梁》,《江海学刊》2014 年第 4 期。
② Michael Sherraden, Min Zhan, Trina R. Williams Shanks and Yunju Nam, *Determinants of Asset Building—A Report in the Series Poor Finances: Assets and Low-Income Households* (St. Louis and Reid Cramer: Center for Social Development Washington University, 2008);迈克尔·谢若登:《资产与穷人:一项新的美国福利政策》,第 151—152 页。
③ 詹姆斯·米奇利:《社会发展:社会福利视角下的发展观》,第 11 页。

续表

	社会质量	资产建设	社会发展
政策工具	通过沟通和对话（如公共论坛、公共伦理、沟通系统），实现需求、行动者和政策之间的良性互动；强调游说和公民广泛的政治参与。①	制定公共政策，具体依靠就业安置和税收系统，来建立个人发展账户，建设穷人的金融资产。②	设立社会基金、可持续性生计支持、能力参与、提供基本的社会服务（卫生、教育、住房、社会保障）、建立问责机制等。③

资料来源：郑文换：《当代社会政策的三大范式：社会质量、财税福利和社会发展》，《社会工作》2016 年第 3 期。

本章小结

本章讨论了社会政策系统与经济系统的关系，梳理了社会政策的研究视角、社会福利制度的类型以及社会政策的范式等内容。

第一，社会政策关乎人们如何组织生计的制度和安排。早期的学者有将社会政策和经济政策对立起来的倾向，但是现在，学者们大多认为采取将两者相联系的观点是重要的。一般来说，社会政策系统往往随经济系统的变化而改变。

第二，社会政策的研究视角主要有经济的视角、阶级的视角、制度主义的视角以及社会性别的视角。社会福利制度的类型包括残余型与制

---

① Mikolaj Pawlak, "Review of Social Quality: A Vision for Europe," *Polish Sociological Review*, No. 156, 2006, pp. 505-511.
② 迈克尔·谢若登：《美国及世界各地的资产建设》，《山东大学学报（哲学社会科学版）》2005 年第 1 期。
③ James Midgley, "Assets in the Context of Welfare Theory: A Developmentalist Interpretation," Working Paper No. 03-10, produced by Center for Social Development George Warren Brown School of Social Work Washington University, 2003；安东尼·哈尔、詹姆斯·梅志里：《发展型社会政策》（罗敏等译），社会科学文献出版社 2006 年版，第 136—137 页。

度型，蒂特马斯的 A、B、C 模型，自由主义的、保守主义的、社会民主主义的、生产主义的福利资本主义等。

第三，政策范式用来区别总体性、内核性不同的政策体系。社会政策的范式包括蒂特马斯范式与准蒂特马斯范式、社会质量范式、资产建设范式以及社会发展范式。

第五章　社会政策分析

吉尔伯特和特勒尔将政策分析分解为过程（process）分析、内容（product）分析和效能（performance）分析，三者相互关联。① 过程分析侧重于与社会政治和技术方法变量相关的政策形成的动态过程，最关心的问题是社会政治组织、政府以及利益团体的相互关系和相互作用是如何对政策制定产生影响的；政治学和历史学是过程分析研究的两个基本学科。内容分析的着眼点是政策选择，即制定出来的政策、计划、方案的相关内容。效能分析关注政策方案的实施结果的描述和评价，侧重于两类问题：一是政策方案执行得怎么样？二是政策的影响是什么？效能可以通过定性和定量数据的结合以及许多基于不同理论基础的方法技术来衡量。奥康纳和耐厅（O'Connor and Netting）在吉尔伯特和特勒尔的基础上，提出了政策分析的四个维度：政策形成（formulation）、内容（product）、执行（implementation）和效能（performance）。② 本章将在上述两项研究的基础上，将政策分析分为政策制定、政策执行、政策内容以及政策评估四部分。

---

①　Neil Gilbert 等：《社会福利政策导论》，第 21—25 页。
②　Mary Katherine O'Connor and F. Euen Netting, *Analyzing Social Policy: Multiple Perspectives for Critically Understanding and Evaluating Policy* (Hoboken: John Wiley & Sons, 2010), pp. 46-56.

第一节　政策制定

传统观点认为，政府可以分解为两种不同的职能或者说两种类型的行动：首先是作出决定（决策），其次是把决定付诸实行，这两种类型的活动被分别界定并命名为"政治"和"行政"。政策的制定往往被视为是政治领域的事情，由国家机构或政治家经过深思熟虑然后做出决定的过程。但是，实际上并非如此，政策的制定过程受到很多内在和外在的压力，是一个不同利益和理念竞争和冲突的过程。政策制定如此复杂，奥康纳和耐厅将不同的政策制定分析分成了三大类：理性政策分析（Rational Policy Analysis）、非理性政策分析（Nonrational Policy Analysis）和批判政策分析（Critical Policy Analysis）。[①] 本节不打算讨论如此复杂的关于政策过程的诸多理论，仅讨论政策的一般制定过程以及谁来制定政策的问题。

一、政策制定的一般过程

一般来说，政策教科书都会介绍政策过程阶段模型，尽管受到诸多批评，但因其有助于我们将政策过程的思路结构化，故该模型仍具有生命力。[②] 政策过程阶段模型往往将政策过程分为六个阶段，即问题界定、设立议案、政策选项、政策立法、政策执行、政策评估然后再到问题界定的循环过程（见图5-1）。

[①] Mary Katherine O'Connor and F. Euen Netting, *Analyzing Social Policy: Multiple Perspectives for Critically Understanding and Evaluating Policy*, pp. 46-56.

[②] Thomas A. Birkland, *An Introduction to the Policy Process: Theories, Concepts, and Models of Public Policy Making* (New York: M. E. Sharpe, 2001).

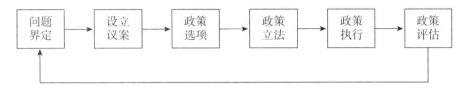

图 5-1 政策过程阶段模型

问题界定指的是通过个人和团体对国家的诉求来界定政策问题;设立议案指的是聚焦于大众媒体和公共官员对特定公共问题的关注来决定什么将被决定;形成政策选项指的是由利益集团、国会委员会和智囊团提出政策建议;政策立法指的是由国会、总统和法院选择和颁布政策;政策执行指的是通过政府机构、公共支出、规制和行政机构的其他活动执行政策;政策评估指的是由政府机构本身、外面的顾问、媒体和一般公众评估政策。①

二、谁制定政策

谁能参与政策制定过程意味着谁能行使影响力,意味着政策的实施将会带来怎样的利益分配。本部分将介绍有关政策制定的制度主义、精英主义、多元主义及次政府与议题网络理论四种理论视角。

(一) 制度主义

在西方政治学领域,制度主义(institutionalism)② 是一种比较传统的观点,"制度主义"这一词汇中的"制度"指的是作为制度性存在的国家机构,如国会/议会、总统、法院、行政官僚部门、地方自治机构等。制度主义认为,政治活动主要集中在上述这些特定的权威性政府机

---

① Thomas R. Dye, *Understanding Public Policy*, 12th ed., p. 14.
② 政治学、经济学和社会学都有制度主义,三者彼此不同,此处指的是政治学里的旧制度主义。

构（government institutions），国家政策是由这些机构决定和强制执行的，是上述这些机构的产出（output），因而公共政策就具有了区别性特征：合法性（legitimacy）、普适性（universality）和强制性（coercion）。① 对制度主义的批评主要认为这种观点侧重于静态的描述而缺少分析性。

（二）精英主义

精英主义（elitism）从现实出发，认为治理国家的是掌握不成比例的大量资源的一小部分精英，该理论的代表人物是莫斯卡（Mosca）、帕累托（Pareto）、韦伯（Weber）和熊彼特（Schumpeter）。该理论将人分为精英（elite）和大众（mass）两个群体，认为"掌握和行使国家权力的人总是少数，在他们的下面生活着为数众多的一个阶级，这个阶级的人从未真正参与过政府，他们总是屈从于少数人的意愿；我们可以把这些人称作被统治者"②。在精英与大众关系方面，精英主义认为大众不理智、冷漠加上信息缺乏，其对政策的观点往往受精英的影响，因此，政府政策反映的是精英的偏好和价值而不是大众的。③ 但是，精英统治却不得不通过民主机制与大众联系起来，民主（选举）被视为精英统治合法化的形式，而不具有代表大众意见的实质。

（三）多元主义

多元主义（pluralism）是第二次世界大战后出现的、在美国社会占主流的政治理论，早期代表人物是达尔（Dahl）、杜鲁门（Truman），后期代表是理查森（Richardson）和乔丹（Jordan）等人。多元主义强

---

① Thomas R. Dye, *Understanding Public Policy*, 12th ed., pp. 12-13.
② 转引自基思·福克斯：《政治社会学》（陈崎、耿喜梅、肖永梅译），华夏出版社2008年版，第27—28页。
③ Thomas R. Dye, *Understanding Public Policy*, 12th ed., pp. 21-23.

调人类进步过程中的自由信仰，其社会基础是建立在基本权利之上的自由的民主体系，该理论假设所有的利益在政治上都可以进行组织，形成利益集团（压力团体），并且没有任何一部分利益是占主导地位的，每一种权力资源都在另一种力量的抵制中得到平衡，这样一来，代表各方利益的压力团体就能在国家这个平台上就自己的利益进行竞争，从而塑造政策。① 政策是利益集团相对影响力的均衡的结果，政党被视为利益集团结成的联盟。② 在统治形式方面，多元主义并不意味着多数人统治，而是由少数人进行统治的"多头政治"，即由代表不同压力团体的少数人进行统治。③ 对该理论的批评主要在于该理论假设压力团体具有均等的政治参与机会，这与现实中多由白人、中产阶级的男性控制着政治核心的社会事实不符；同时，该理论因为对国家的工具性使用——将国家视为社会利益团体活动的平台——而受到主张国家自主性的理论的批判。

（四）次政府与议题网络理论

次政府（subgovernments）也被称为"铁三角"，指的是国会成员、官僚机构和利益团体围绕某项特殊政策结成的联盟，这一联盟关系具有稳定性和封闭性。该理论认为政策制定并不仅仅是政府单独决策的结果，而往往是国会相关立法者、官僚与利益集团围绕他们的特殊利益进行联盟的产物，并不能反映公共利益。④ 与次政府理论强调相关利益者之间结成联盟关系类似，议题网络是一种网络形式，是当有什么事情出

---

① 基思·福克斯：《政治社会学》，第31—33页。
② Thomas R. Dye, *Understanding Public Policy*, 12th ed., pp. 20-21.
③ 基思·福克斯：《政治社会学》，第32页。
④ 保罗·A. 萨巴蒂尔：《支持联盟框架：一项评价》，载保罗·A. 萨巴蒂尔编：《政策过程理论》（彭宗超等译），生活·读书·新知三联书店2004年版，第154页；H. K. 科尔巴奇：《政策》（张毅、韩志明译），吉林人民出版社2005年版，第45页。

现的时候，人们会创造与相关者的联系。这种网络不能被看成是一个组织，即虽然参与者知道网络之中与他们接近的人，但是参与者并非在网络整体的意义上行动。与议题网络理论相近的是政策共同体理论，政策共同体比议题网络更显示出亲密和信任，强调的是稳定的集体行动与相互了解之间的关联度。① 议题网络或者说政策共同体是在"行动的构建过程"（structuring of action）的意义上扮演参与者的角色。② 对于议题网络和政策共同体两者之间的关系，希尔认为，网络可以凝聚成为共同体，共同体也可能分解成为网络。③

第二节 政策执行

本节将对社会政策执行中的主体及主要思潮进行讨论。首先讨论政府在社会政策中的重要性，其次讨论公共行政思潮的变化，再次讨论社会治理，最后讨论福利多元主义观点。

一、政府在社会政策中的重要性

福利的提供主体很多，但是，毋庸置疑，国家或者说政府在很多时候发挥着主导性作用。现代社会政策的发展离不开强大的国家管理机器的形成，克里斯托弗·皮尔逊认为福利国家倾向于出现在资本主义和民族国家（领土权、暴力的合法垄断权、确保法治（underwriting of

---

① 迈克尔·希尔认为议题网络和政策共同体理论经由多元主义、统合主义理论发展而来，并认为此类理论的共同之处在于均认为决策主体之间存在着相对较强的联系。米切尔·黑尧：《现代国家的政策过程》（赵成根译），中国青年出版社2004年版，第61—67页。（米切尔·黑尧也译为"迈克尔·希尔"，本书采用"迈克尔·希尔"。）
② H. K. 科尔巴奇：《政策》，第31—38页。
③ 米切尔·黑尧：《现代国家的政策过程》，第66—69页。

the rule of law))两者已经确立的社会里。① 原因之一是民族国家的建立往往伴随着战争或者经济危机等事件,这使得政府对社会资源的动员和管控能力大大加强,而这为国家实施社会政策来协调经济运行提供了可能性。除此之外,虽然资本主义多主张自由放任的市场经济,反对国家的干预,但是,经济学的"市场失灵"和"公共物品"等概念使得国家通过社会政策实施干预取得了合法性。

二、公共行政领域思潮的变化

公共行政领域思潮的变化会深刻影响社会政策的执行,下面将简单介绍公共行政领域从科层制到新公共管理主义再到新公共服务的思潮变化。

(一)科层制

在费边主义、社民主义等思潮和凯恩斯主义干预思潮的影响下,英国及欧洲诸国在第二次世界大战之后开始建设"福利国家",即国家开始承担提供社会福利的职责。虽然各个国家的具体情况各有不同,但二战后至20世纪70年代,社会福利的输送体系(delivery system)多为(准)公共的行政科层制。

对科层制的研究可以追溯到德国社会学家马克斯·韦伯。韦伯认为,与历史上存在过的团契行政、荣誉行政或业余行政相比,科层制组织在现代社会能够获得支配性发展的决定性原因是其在纯技术层面上始终优越于其他任何形式的组织。② 与其他组织形式相比,科层制是一种由受过专门训练并得到上级权威任命的人充任职位、由规则驱动的执行

---

① Christopher Pierson, *Beyond the Welfare State? The New Political Economy of Welfare*, p. 100.
② 马克斯·韦伯:《经济与社会》第二卷上册(阎克文译),上海世纪出版集团2005年版,第1112—1113页。

功能的机械化运行的机器，具有"就事论事""专业性""客观性"和"可计算性"（在目的和手段之间进行权衡）等特征，因此，科层制在执行上级命令方面更有效率、成本更低。

但与此同时，从普通民众的观点看，科层制则被批评为"橡皮图章""低效率""浪费""形式主义""没有人情味儿"等贬义词组成的官僚病（官僚主义），也就是说，科层制在提供社会服务方面，对社会需要不够敏感、灵活。除了上述批评之外，公共选择理论认为科层制摆脱不了"帕金森法则"，即不断扩大组织的等级规模，而等级规模的增加又会导致信息传递的歪曲。① 虽然科层制有上述缺点。但是，即使在社会福利领域，科层制的结构和运行也会促进干预服务的平等提供及服务的统一性，对避免雇员的任意行为有某些保护作用，并确保案主得到机构应该提供的服务。

（二）新公共管理主义

20 世纪 70 年代石油危机之后，无力解决"滞涨"问题的凯恩斯主义受到打压，新自由主义思潮抬头。在这种情况下，由政府直接通过行政科层制组织提供福利/服务的干预措施开始受到质疑，出现了社会提供（social provision）多元化和分权化的要求。在公共行政领域，出现了新公共管理主义思潮。新公共管理主义源自于一个基本的经济学论点：政府具有垄断性、高昂的交易成本以及信息不对称等缺陷，而这些缺陷在很大程度上导致了政府的无效率。② 因此，新公共管理主义主张将私营部门和工商企业管理的方法应用于公共部门，目的在于软化公共

---

① 戈登·塔洛克：《官僚体制的政治》（柏克、郑景胜译），商务印书馆 2010 年版，第 158—167 页。

② 转引自珍妮特·V. 登哈特、罗伯特·B. 登哈特：《新公共服务：服务，而不是掌舵》（丁煌译），中国人民大学出版社 2010 年版，第 11 页。

机构和公共雇员无效率的垄断特权。新公共管理主义的核心理念和原则表现为①：

（1）催化的政府，"掌舵"而不是"划桨"。

（2）社区所有的政府，授权而不是服务。

（3）竞争性的政府，将竞争机制引入服务的供给之中。

（4）使命驱动的政府，转变规则驱动的组织。

（5）结果导向的政府，关注的是结果而不是投入。新公共管理主义认为，政府应该致力于实现实质性的公共目标或结果，而不应该致力于严格地控制完成该项工作所花费的公共资源，但是现行的评估和报酬体制主要集中关注的是财政效率和控制，却很少过问从每一项创新中获得了什么效果，因此应该把这些体制转变成为更具有结果导向性——基于政府绩效的责任。

（6）顾客驱动的政府，满足顾客的需要，而不是满足官僚机构的需要。

（7）有事业心的政府，有收益而不是开支。

（8）有预见力的政府，预防而不是治疗。

（9）分权化的政府，从层级节制的等级制到参与和协同，决策权延展至组织的各个方面。

（10）市场导向的政府，通过市场的杠杆作用来调控变化。

（三）新公共服务

在新公共管理思潮的影响下，政府开始用商业模式、强调绩效考核来执行政策。但是，具有公共性的政府应否像私营企业那样运作呢？珍妮特·V.登哈特及罗伯特·B.登哈特提出了新公共服务概念，认为政

---

① 戴维·奥斯本、特德·盖布勒：《改革政府》（周敦仁等译），上海译文出版社2013年版。

府不应该像企业那样运作，而应有其规范性内容，即为公民服务以增进共同的利益。新公共服务的本质是一场基于公共利益、民主治理过程的理想和重新恢复的公民参与的运动，其基本理念如下①：

(1) 服务于公民，而不是服务于顾客。公共利益是就共同利益进行对话的结果，而不是个人自身利益的聚集。因此，公务员不是仅仅关注"顾客"的需求，而是要着重于关注公民并且在公民之间建立信任和合作关系。

(2) 追求公共利益。公共行政官员必须促进建立一种集体的、共同的公共利益观念。这个目标不是要找到由个人选择驱动的快速解决问题的方案，更确切地说，它是要创立共同的利益和共同的责任。

(3) 重视公民权胜过重视企业家精神。致力于为社会做出有益贡献的公务员和公民要比具有企业家精神的管理者能够更好地促进公共利益，因为后一种管理者的行为似乎表明公共资金就是他们自己的财产。

(4) 思考要具有战略性，行动要具有民主性。满足公共需要的政策和项目可以通过集体努力和合作过程得到最有效并且最负责的实施。

(5) 承认责任并不简单。公务员应该关注的不仅仅是市场，他们还应该关注宪法和法令、社区价值观、政治规范、职业标准以及公民利益。

(6) 服务，而不是掌舵。对于公务员来说，越来越重要的是要利用基于交织的共同领导来帮助公民明确表达和满足他们的共同利益需求，而不是试图控制或掌控社会新的发展方向。

(7) 重视人，而不只是重视生产率。如果公共组织及参与其中的网络基于对所有人的尊重而通过合作和共同领导来运作的话，那么，从

---

① 珍妮特·V.登哈特、罗伯特·B.登哈特：《新公共服务：服务，而不是掌舵》，第1—31页。

长远来看,它们就更有可能取得成功。

三、社会治理

在西方社会,"治理"(governing)时代是在20世纪90年代某个时期开始的。① 治理不同于政府管理(management)的概念,后者意味着自上而下的等级制统治,而治理则包含社会参与管理过程的理念,意味着一种更加松散的组织结构。治理的观点认为以前由政府提供秩序,但是现在政府与其他组织或群体进行沟通,政府的任务不被看成是做出决策和执行政策,而是组织与其他一系列参与者一起的行动。②

燕继荣从国家与社会关系的视角,梳理了治理结构的逻辑演进并分为三类,即政府治理为核心(governance without protest)、社会治理为核心(governance without government)、"公共治理"或"协同治理"理论(governance shared by public and private sectors),认为建立在社会自治基础上的协同治理指的是国家法治加社会自治,应该是公共治理和社会管理创新的方向。③

四、福利多元主义

福利多元主义被主题化发生在20世纪70年代中期从凯恩斯干预主义向新保守/自由主义转型的过程中。西方学术界多从利益相关者(stakeholders)之间的结构关系的角度批判福利国家,主张福利的供给主体不能仅由政府承担,而应该由多元主体——国家、市场、志愿/非

---

① 转引自迈克·希尔、彼特·休普:《执行公共政策》(黄健荣等译),商务印书馆2011年版,第19页。
② H. K. 科尔巴奇:《政策》,第103页。
③ 燕继荣:《协同治理:社会管理创新之道——基于国家与社会关系的理论思考》,《中国行政管理》2013年第2期。

营利组织和非正式部门（家庭/共同体）参与到福利提供体系中来，提出了针对官僚主义的去集权化（decentralizing）、购买服务（purchase of service contracting）、从福利国家到福利社会（from welfare state to welfare society）、福利三角（welfare triangle）等主张。

（一）社会福利的提供主体

吉尔伯特和特勒尔从社会的基本制度的角度讨论了福利的提供主体，认为社群生活的主要活动发生在亲属、宗教、工作单位、市场、互助和政府等六种基本的社会制度下，人们的日常生活基本上都是由其中的一种或几种制度组织起来的，而且每种社会制度都承担了不同的社会福利功能，具体内容详见表 5-1 所示。

表 5-1　社会制度、组织和功能

社会制度	主要组织形式	主要功能	社会福利功能
亲属	家庭	繁衍后代、社会化、保护、亲情、情感支持	抚养、家庭间的经济支持
宗教	宗教组织	精神感悟	宗教性质的医疗、教育和社会服务
工作单位	商业办公室、工厂、农场	产品和服务的生产	雇员福利
市场	生产者（工厂）和消费者（家庭）	钱物交换	商业化的社会福利产品和服务
互助	支持群体、志愿组织	互助、慈善	自助、志愿服务、非营利社会服务
政府	各级政府	筹集和分配资源	消除贫困、经济保障、医疗、教育、社会服务

资料来源：Neil Gilbert 等：《社会福利政策导论》（黄晨曦、周烨、刘红译），华东理工大学出版社 2003 年版，第 4 页。表格内容略有调整。

从表 5-1 可以看出，亲属、宗教、工作单位、市场、互助和政府等六种基本的社会组织形式提供了我们所需要的绝大部分的福利内容。

（二）政府、市场和社区

在影响人们福利的各种组织形式中，政府、市场和社区的作用凸显。政府作为执行再分配的主体、市场作为第一次分配的主体，深刻地影响着人们的福利水平。与此同时，人们——无论左派还是右派——对社区的兴趣开始增加。社区是人们作息的地方或空间，在该空间内社区成员之间因频繁互动形成社会团结、社会规范，同时，社区还是成员身之所系、心之所寄而生发出的归属感的来源。鉴于社区的这些特点，左派将社区视为作为现代社会特征的过度贪婪和自利的一服解毒剂，视为治疗个人主义蔓延的一服良药，满足公民参与以及公民增权的目标，右派则把社区视为抵制强国家干预的一条途径。[1] 经济学家认为，所有的社会都要依赖市场和社区的组合，社区有助于市场的正常运转，因为没有一份法律合同是天衣无缝的，必然会存在未尽的事项或条款，而这些需要社区形成的调节人们行为的合理期望来补充；同时，社区作用的强调往往跟社会资本或者说人际网络联系在一起，社区的重点在于生活于相同区域的人群之间能够建立起一些长期的关系，并且这些合作关系是彼此捆绑在一起的，从而减少机会主义行为的发生概率，其原因在于凝结在人际网络中的信任这种道德商品，越是使用就越是增进。[2] 因此，社区在社会服务网络结构中的作用越来越受到重视，出现了社区照顾、社区营造、社区治理等运动。市场、政府和社区提供服务的特点如表 5-2 所示。

---

[1] 珍妮特·V. 登哈特、罗伯特·B. 登哈特：《新公共服务：服务，而不是掌舵》，第 23 页；Neil Gilbert 等：《社会福利政策导论》，第 214 页。

[2] 帕萨·达斯古普塔：《大众经济学》，第 65—73、第 154—155 页。

表 5-2　提供服务形式和组织形式

组织形式	提供服务形式			
	里格比 (Rigby) (1990)	埃兹奥尼 (Etzioni) (1961)	鲍尔丁 (Bolding) (1990)	巴拉达齐和埃克德斯 (Bradach and Ecdes) (1991)
市场	契约	奖酬	交换	价格
政府	命令	强制	威胁	权威
社区	风俗	道义	爱	信任

资料来源：转引自迈克·希尔、彼特·休普：《执行公共政策》（黄健荣等译），商务印书馆 2011 年版，第 245 页。表格内容略有调整。

（三）福利三角

在现代社会里，除了政府、市场、家庭及社区之外，非政府、非营利机构等第三部门也对社会福利发挥着不可或缺的作用。主张由第三部门提供福利的学者认为，第三部门可以避免"市场失灵""政府失灵"所带来的缺陷，同时也可以避免家庭或社区的规模小的问题。① 公共部门、民营部门与志愿组织等第三部门的区别如表 5-3 所示：

表 5-3　公共、民营、志愿三部门特征比较

部门	驱动力	结构	核心资源	人力
公共	中位选民和再选举	科层制	税收	付薪，有一些志愿者
民营	利益相关者和利润相关的目标	科层制	销售	付薪
志愿	多重利益相关者	模糊	税收、捐赠、收费	付薪及志愿者

资料来源：David Billis and Howard Glennerster, "Human Service and the Voluntary Sector: Towards a Theory of Comparative Advantage," *Journal of Social Policy*, Vol. 27, No. 1, 1998, pp. 79-98。

---

① 但是，主要由第三部门承担福利的功能也有问题，如资源不稳定、服务重复等问题，被批评为"志愿失灵"。

志愿组织等第三部门总是以这种或那种方式与其他部门相联系,所以埃弗斯(A. Evers)将其称为"媒介部门"(intermediary sector),并在第三部门与政府、市场和社区的关系中来界定发展其特有的四个主题。一是将第三部门视作市民社会中公共空间的一个维度,即各种原理/理念和话语共存相交且没有清晰界限并充满张力的领域;二是第三部门作为张力领域到底能在多大程度上发挥媒介作用,与市场民主(market democracies)是否学会在不同力量间进行协调、是否能平衡变化与秩序的程度高度相关;三是与具有清晰原理和维度的市场、国家不同,第三部门可谓"福利混合中的混合物"(mixes in the welfare mix),作为多价的(polyvalent)、混合的(hybrid)组织,它们本身就啮合了多重任务、角色和原理/理念;四是能否如其混合特征所是,在微观组织和宏观部门之间的水平上,在其交互政策和责任分工中,寻找到更为协同性的福利混合(synergetic welfare mixes)。① 第三部门与政府、市场和社区之间的媒介关系如图5-2所示。

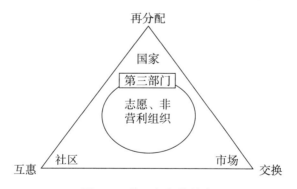

图 5-2　第三部门的特点

---

① Adalbert Evers, "The Welfare Mix Approach: Understanding the Pluralism of Welfare Systems," in Adalbert Evers and Ivan Svetlik, eds., *Balancing Pluralism: New Welfare Mixes in Care for the Elderly* (Aldershot: Avebury, 1993), pp. 3-31.

第三节 政策内容

本节是关于政策内容的分析。内容分析指的是对政策制定过程的产出——政策成果或者说政策方案本身的内容进行的分析。一般来说，社会政策的内容包括四个要素：一是给付的对象是谁（给付对象）？二是给付什么（给付内容）？三是如何给付（输送体系）？四是政策需要的资源如何筹集（资金筹集）？上述四个要素可以用一句话来概括：用何种资源、向谁、怎样提供、什么样的给付？所谓内容分析，即根据政策目标，对上述四个层面的选择所作的分析。本节将对上述四个要素进行简明介绍。

一、给付对象

在政策设计过程中，给付对象的问题是讨论政策的目标群体或者说关于谁有资格受益的问题。因为资源的稀缺性以及历史原因，很多争论围绕普遍主义（universalism）与选择主义（selectivism）、给付对象的资格标准展开。

（一）普遍主义与选择主义

普遍主义指福利是以全体公民为对象，是人人都可以享有的基本权利，多由国家提供，具有很强的公共服务的性质，如老年人的社会保障和青年人的公共教育。选择主义是出于政治上、行政上的需要，以全体公民中的一部分为对象，以职业或者需要等分类为选择标准，如从优先考虑的职业开始，逐渐扩大到其他职业，或根据个人需要——通常是家计审查——来决定目标群体，如公共救助和社会住房项目即根据个人需要来挑选服务对象。蒂特马斯认为我们面临的挑战不是在普遍主义与选择主义之间进行选择,而是决定我们需要建构什么样的普适性服务的基本结构,以及在这一基本结构上再向更需要的人群,作为其享有的权利,提供耻辱感最小的、积极的区别性服务。①

(二)给付对象的资格标准

一般来说,决定给付对象的资格标准包括居住、人口学上的特征、缴费、补偿、劳动能力、家计审查和专业判断。②

1. 居住

居住是最为广泛的、最基本的资格条件,其他的资格条件都是以居住为前提。一般来说,居住地会对其成员进行权利赋予,使其有资格接受社区的给付或者福利。如 1601 年的《济贫法》肯定教区救济贫民的责任,但是必须是居住在该教区三年以上才能得到救济,这是对"居住地"或"定居权"(settlement right)的重视。

2. 人口学上的特征

是否具有特定的人口学上的特征(如特定年龄、特定性别等)是界定给付对象的重要标准,如针对老人、儿童以及女性的社会津贴或者公共救助政策。

3. 缴费

是否缴费是重要的资格标准,如社会保险制度的缴费就是界定能否获取社会保险给付的首要条件。

---

① Richard Titmuss, *Commitment to Welfare* (London: Allen and Unwin, 1968), pp. 128-137.
② 吉尔伯特和特勒尔将资格标准分为属性需求、补偿、诊断性划分和家计审查四类。Neil Gilbert 等:《社会福利政策导论》,第 161—162 页。

4. 补偿

补偿是一种特殊的资格条件，是对各种做出特殊社会经济贡献的群体或者说曾经受到不公正对待的群体实施补偿的标准，前者如退伍军人、为国家或社会做出特殊贡献者等，后者如种族主义①或父权主义的受害者等。

5. 劳动能力

是否具有劳动能力是最为传统的资格条件，是由 1601 年英国的《济贫法》所确立。公共救助往往优先考虑没有劳动能力的人。

6. 家计审查

家计审查主要用于公共救助的资格调查。家计审查时需要考虑收入构成（是只包括工资，还是包括工资，经营收入，资本收入如利息和房租等，以及遗产收入等）、收入调查的单位（是个人还是家庭）及收入调查的周期（是按周、月、年还是考虑人的一生）等。

7. 专业判断

根据专家的专业判断来确定案主是否具有受惠资格，如失能、失智的程度或精神疾患的等级。

二、给付内容

给付（benefit）内容指的是给予受惠者的福利的具体给付形态。一般来说，社会政策的给付内容包括六种形态，即现金（cash）、现物（in-kind）、机会（opportunity）、服务（service）、代金券（voucher）以

---

① "平权行动"（Affirmative Action）是 20 世纪 60 年代在美国发起的针对种族隔离政策、要求给予黑人同等公民权的行动。平权行动的某些措施就包含补偿的意思。

及权力（power）。[1]

（一）现金

给受惠者发放现金的优点在于符合消费者主权主义的观点，受惠者可以用现金在市场上购买符合自己心意或者说偏好的产品。举例来说，假如某个地区销售的牛奶的品牌有三种，受惠者可以从中自由选择。另外，现金的给付过程相比于实物来说简单，其行政效率高。但是，现金给付发生挪用的可能性比实物要高，其目标效率低。例如，如果发放现金救济给有赌博、酗酒或药物依赖的家庭，该笔现金很可能不被用来购买必需的食品等基本消费品，而是拿去用作赌资或者用在酒类或药物上。

（二）现物

给受惠者发放现物的优点在于具有规模经济的好处。以牛奶和面包为例：由某个（准）公共机构为某一地区所有需要救济的家庭统一购买牛奶和面包的话，其成本要低于由受惠者单独购买。同时，现物被挪用、滥用的可能性低，其目标效率高。但是，现物的缺点是忽视个人的消费偏好，受惠者只能接受配给的品牌的牛奶和面包，而无法自主选择，同时因为配送现物（需要人力物力运输、发放和储存等）的行政成本高，其行政效率低。

（三）机会

机会指的是向受惠者提供更为有利的就业机会和入学机会等，如残疾人雇佣配额制、女性雇佣配额制。机会面向的是同质性的人群而不是单独的个人，向哪类人群提供机会会引起社会争议，因此达成合意的社会磋商过程很重要。

---

[1] Neil Gilbert 等：《社会福利政策导论》，第 182—184 页。

（四）服务

服务指的是通过个案辅导、职业训练、居家看护、家庭访问、疾病诊疗等专业人员的介入对受惠者提供的帮扶。

（五）代金券

代金券指的是食品券、交通券、教育券等。代金券是现金和现物优点的折中形态，既在某种程度上保证了一定的消费者主权，同时又在一定程度上避免了给付的挪用和滥用。教育券计划是由新自由主义者米尔顿·弗里德曼在1955年提出，最早是在1972—1977年于北加州的阿卢姆罗克联合小学校区试行。

（六）权力

权力是一种无形的给付，但是其效果最大，指的是将社会福利的接受人群组织起来，使其代表参与各种政策决定过程的行为。从20世纪60年代开始，公民参与及公众咨询成为欧洲政策制定的特征。为了弥补传统公共政策决策过程中的民主缺失，很多政府越来越热衷于利用一系列的方法（如调查、问题讨论组、公民评审团等）来问政于民。①

三、输送体系

连接社会政策与受惠者之间的中间环节是输送体系（delivery system），输送体系指的是"服务提供者之间以及服务提供者和消费者之间的组织安排"②，服务的提供者可以是政府有关部门、非营利机构、专业团体或者市场中的营利组织等。社会政策输送体系的设计可以有不

---

① 彼得·德怀尔：《理解社会公民身份：政策与实践的主题和视角》（蒋晓阳译），北京大学出版社2011年版，第63—64页。

② Neil Gilbert 等：《社会福利政策导论》，第212页。

同的选择，主要可以分为中央政府提供、地方政府提供、中央和地方政府混合提供、政府和民间混合提供以及纯民间提供的体系。①

（一）中央政府为主的输送体系

以中央政府为主的输送体系适合公共物品特性强或者技术性要求高的财物或服务，前者如公共卫生服务，后者如需要保险精算技术的社会保险项目。另外，由中央政府主导有利于平等和社会正义目标的达成，也有利于服务和财物间的调整和整合。但需要注意的是，中央政府为主的输送体系所利用的组织工具主要是官僚科层制，所以很难避免"政府失灵"问题，如资源配置的非效率性、提供财物或服务的质量低下、手续繁杂等问题。

（二）地方政府为主的输送体系

相比于中央政府，地方政府对民众需要等方面的信息获得较容易、接受目标群体参与政策决定过程的可能性更高。但是，在地区间社会经济发展不均衡的情况下，可能会相应出现给付的地区间不均衡。同时，相比于中央政府，地方政府的规模经济效果比较低，比如社会保险制度的风险池会相对较小，财政的稳定性和持续性方面比较不利。

（三）中央政府—地方政府混合体系

大部分国家采纳中央政府—地方政府混合体系来提供福利，现在常见的情况是中央政府通过提供一部分资源来对地方政府的服务提供实施规制。一般来说，中央政府提供的支持可分为分类拨款（categorical grant）、整笔拨款（block grant）和总收入分成（general revenue sharing），分类拨款规定资源使用的详细项目，整笔拨款按功能大体分类

---

① 손근원·김태성 (1995)，『사회복지정책론』, 나남.

（如贫困层支援预算、老龄人口支援预算等），总收入分成的情况下地方政府是独立决策者，三者的区别可见表5-4。

表5-4 中央政府利用转移支付系统向地方政府拨款的方式

拨款方式	目标的规定	地方政府的作用
分类拨款	详细规定	严格执行中央政府的政策或程序
整笔拨款	宽泛规定	在划定的功能领域内自由实施
总收入分成	没有限定	独立决策

资料来源：Neil Gilbert 等：《社会福利政策导论》，第338页。

（四）政府—民间的混合输送体系

20世纪70年代，在批判政府干预、提倡志愿主义（voluntarism）、私有化（privatization）、去集中化（decentralization）、去管制（deregulation）、去制度化（deinstitutionalization）的思潮影响下，出现了政府—民间合作模式。

政府—民间的混合输送体系被视为克服政府失灵和志愿失灵的有效途径。该体系往往采取合约和财政补贴的方式进行，前者指的是原本由政府提供的财物或服务转由民间机构来提供，费用由政府负担，政府对民间机构进行规制；后者指的是政府对民间机构进行财政补贴，但并不对其运营进行具体规制。政府—民间混合体系的常见形式是政府购买服务（purchase of service contracting，POSC），服务提供方多为非营利组织，其过程为招标、评估及选择投标、合同起草、协商及处理、实施、监控及评估执行、续签或终止合同。从理论上看，政府—民间这种合作伙伴关系意味着以彼之长补己之短，双方彼此增强，但是，在经验层面，这种关系有时候被视为噩梦而不是美梦，原因在于政府购买服务过程带来大量繁琐的文书工作以及围绕政府资助展开的竞争，这牵扯了服务机构很多精力并给机构生存带来了压力，使得一线服务人员无法专注于对案主的服务提供。①

（五）纯民间的输送体系

最后一种福利输送体系指的是纯粹由民间来提供的体系，这种输送体系相对而言很少见。一般来说，即使是由民间来运作，国家也往往会通过税收体系给予优惠。这种由民间提供的体系如非营利机构对非洲的援助，或者家庭内的收入再分配、民间机构内部对资源和服务的再分配等。

目前在福利提供领域，兼具企业和非营利机构某些特征的社会企业受到瞩目。社会企业指的是旨在解决社会问题、不亏损也不分红的公司，其所有者是将所有利润用来再投资以扩大和改善这个企业的投资者，甚至可以是由穷人所有的营利公司，它们或直接由穷人拥有，或通过那些致力于某个特定社会事业的信托机构由穷人拥有。在业界享有盛誉的社会企业是由孟加拉经济学教授穆罕默德·尤努斯（获 2006 年诺贝尔和平奖）于 1974 年创立的为穷人提供免担保小额贷款的格莱珉银行（即乡村银行）。②

四、资金筹集

社会政策的资金主要有四种基本的获取途径：税收、社会保险缴费、志愿捐款和服务项目收费。③

---

① Roderick M. Kramer, "Voluntary Agencies and the Contract Culture: Dream or Nightmare?" *Social Service Review*, Vol. 68, No. 1, 1994, pp. 33-60.
② 穆罕默德·尤努斯、卡尔·韦伯：《企业的未来：构建社会企业的创想》（杨励轩译），中信出版社 2011 年版。
③ 吉尔伯特和特勒尔将资金来源分成了税收、自愿捐助和收费。此分类有时将社会保险缴费视为社会保障税，归入税收类别；有时将社会保险缴费视为收费，归入收费类别。笔者认为保险缴费和服务收费的差别较大，所以单列了出来。见 Neil Gilbert 等：《社会福利政策导论》，第 268 页。

(一) 税收

税收具有强制性，国家用征收上来的税金形成政府的一般预算，是公共福利计划或项目的主要资金来源。一般来说，以政府的一般预算为资金来源的社会政策有利于确保给付的普遍性，因为政府的一般预算会尽可能以全体公民为对象。同时，依据公共权力实施的税收比其他资源类型更为稳定和更有持续性。此外，政府一般预算比其他资源类型更容易实现收入再分配的目标，比如最低生活保障制度的筹资来源就是税金。

其中，税式支出（tax expenditure）项目是一种特殊的资金来源，它不是通过税金支付给付，而是通过减免应缴的税额获得给付的效果的制度，税式支出一般分为积极的税式支出和消极的税式支出。前者包括负所得税（Negative Income Tax）、工作所得课税津贴（Earned Income Tax Credit）及工作家庭课税津贴（Working Family Tax Credit）；后者包括对收入或者税金的免税、退税和减税，如对医疗费、教育费、住宅费等的减免，对扶养老人或残疾人的家庭、单亲家庭等的退税，等等。在西方发达国家，政府税式支出的总数相当可观。比如美国 2000 年财政年度的税式支出将近 6000 亿美元，相当于联邦政府总财政收入的 1/3。[①]

(二) 社会保险缴费

社会保险项目是社会福利体系的主要组成部分，因此社会保险缴费是筹措资金的重要来源，缴费形成各类社会保险基金。社会保险费的缴纳往往跟收入关联，但并不是对所有收入均按比例征收，而是有上限，上限以上的额度不计入征收范围。社会保险缴费使人觉得类似于储蓄，被保险人具有权利，这样能回避民众对税负的抵抗。需要指出的是，社

---

① Neil Gilbert 等：《社会福利政策导论》，第 296 页。

会保险在某些国家（如美国）是通过社会保障薪酬税来筹资。

（三）志愿捐款

志愿捐款指的是个人为了某种目的（救济或慈善等）而出资的自愿行为，其款项多去往非营利机构。志愿捐款可享受免税待遇。由志愿捐款提供资金的优点是某种程度上可以避免政府失灵问题，但其资金具有不稳定性。

（四）服务项目收费

服务项目收费指的是社会福利产品和服务费用的一部分或者全部由使用者负担。其优点在于预防服务消费的浪费、缓解政府负担、通过使用者对服务的关注提高服务质量并且弱化污名。缺点是比起政府预算，服务收费具有累退性因而违背满足需要的原则，从权利到消费的转换意味着违背社会权，同时具有无视使用人群的脆弱性如信息可及性及偏好表达等问题。

社会政策的筹资，一般来说需要遵循三个标准：一是给付和负担相平衡的公平性标准，二是与制度运作相关的效率性标准，三是与制度可持续性有关的财源稳定性标准。①

第四节　政策评估

政策评估的正规科学方法的研究始于20世纪30年代，但其获得长足发展是第二次世界大战后西方国家把政策制定和预算力量与努力克服国内社会问题相结合的结果。② 20世纪70年代两次石油危机后，西方经济

---

① 土田武史・阿部耕一编『社会保障論』（成文堂、二〇一五）、二〇七ページ。
② 卡尔·帕顿、大卫·沙维奇：《政策分析和规划的初步方法（第二版）》（孙芝兰、胡启生译），华夏出版社2000年版，第359—360页。

增速放缓，福利支出给政府财政带来了压力，要求福利国家收缩的呼声高涨。在这种背景下，资源来自政府财政支出的政策计划就愈益面临对政策效果及效率的问责，并且政策评估的结果成为影响政策是否能够继续的重要依据。本节将简单介绍政策分析与政策评估、评估设计等内容。

一、政策分析与政策评估

政策评估是政策分析路径中重要的环节。帕顿和沙维奇将政策分析的基本过程分为认定及细化问题、建立评估标准、确认备选政策、评估备选政策、展示和区分备选政策、监督和评估政策实施六个步骤，如图5-3所示。

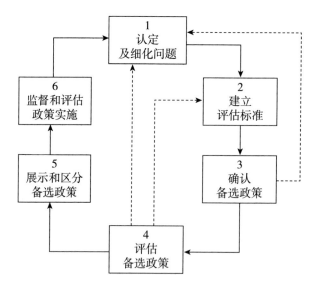

图5-3 政策分析的基本过程

资料来源：卡尔·帕顿、大卫·沙维奇：《政策分析和规划的初步方法（第二版）》（孙芝兰、胡启生译），华夏出版社2000年版，第44页。

从图5-3可以看出，政策评估涉及事前评估（ex-ante evaluation）和事后评估（ex-post evaluation）。事前评估的主要目的是预测未来，以便决定是实施该政府行为还是不实施该政府行为，主要进路包括预测政策的效果和评估那些效果在技术、经济和政治方面的重要性。出于时间和资源的原因，事后评估是目前最常见的评估方式，是对是否经济、有效地达成政策目标的价值判断，其评估方法的分类如表5-5所示。

表5-5 评估方法的分类

模型	主要对象	一致意见	方法论	产出	典型问题
系统分析	经济学家、经理	目标、已知原因和效果、量化变量	规划、计划和预算系统、线性计划、规划改进、成本效益分析	效率	获得了预期效果吗？可以用更经济的方法获得该效果吗？效率最高的计划是什么？
行为目标	经理、心理学家	预先确定的目标、定量产出变量	行为目标、成就测试	生产率、责任	获得了预期效果吗？计划起作用吗？
决策制定	决策者（尤其是行政人员）	一般目标、指标	调查、问卷、采访、自然改进	效果、质量控制	计划有效吗？哪些部分有效？
无目标	消费者	结果、指标	偏见控制、逻辑分析、做法	消费者选择、社会效用	全部效果是什么？
技术评论	内行、消费者	批评意见、标准	评论总结	提高标准、增强意识	批评家会同意计划吗？听众的赞赏增加了吗？
专业总结	专业人员、公众	指标、工作程序	专门小组总结、自学	专业接受	专业人员认为计划的等级是什么？
准法律	陪审团	程序和判断	准法律程序	决议	支持和反对计划的观点是什么？
案例研究	客户、实践者	谈判、活动	案例研究、采访、观察	理解多样性	对于不同的人，计划有什么不同？

资料来源：转引自卡尔·帕顿、大卫·沙维奇：《政策分析和规划的初步方法（第二版）》，第362页。

需要注意的是，政策评估不单是发生在评估政策选项和政策执行后的评估阶段，政策过程中也一直需要对政策实施情况进行监控和分析，因此，政策评估事实上是一个连续统一体（见表 5-6）。

表 5-6 政策分析—政策评估连续统一体

事前政策分析	问题的定量和定性分析，实施政策的决策指标、选项、优势、劣势和预期结果，实施和评价必要的步骤
政策维持	在实施中对政策或计划的分析来确保它按照设计得以实施，并在实施过程中不出现无意的改变
政策监测	在政策或计划实施之后对变化的记录
事后政策评估	对政策目标是否能够完成和政策是否应该继续执行、修改或终止的定量和定性分析

资料来源：卡尔·帕顿、大卫·沙维奇：《政策分析和规划的初步方法（第二版）》，第 358 页。

二、评估设计

政策评估的内在逻辑是评估因果关系是否成立，具体来说，是评估政策是否是预期结果产生的原因，即将政策作为自变量，而将政策实施带来的影响作为因变量。如果通过评估发现政策产生或超过了预期影响，则可以说政策有成效；如果发现没有产生预期影响，则表示该政策无效，即意味着政策失败。

帕顿和沙维奇将政策评估设计分为六种类型：政策前后比较、有无政策比较、实际与规划比较、实验（控制）模型、准实验模型、成本方法。[1]

（一）政策前后比较

政策前后比较也许是应用最为广泛的评估方法，要求在政策实施前及政策实施后对指标进行测量，即前测和后测，并将两次数据进行比

---

[1] 卡尔·帕顿、大卫·沙维奇：《政策分析和规划的初步方法（第二版）》，第 363—369 页。

较，然后判断政策是否有效。该设计方法的问题是假设政策实施前后数据之间的任何差别都是政策带来的结果。

（二）有无政策比较

有无政策比较是对政策前后比较的某种变形。政策实施很难采用实验组和对照组这种严谨的实验方法，因此，会寻找一个与政策实施地点或群体类似的地方充任对照组，并对两者均进行前测和后测，如果政策实施的后测指标与前测及与对照组相比变化明显，则意味着政策有效。该设计方法的问题与政策前后比较类似，也是假设数据之间的任何差别都是政策带来的结果。

（三）实际与规划比较

该设计方法是将实际执行计划后的数据与先期确定的目标进行比较。该方法要求事先设定特定的目的和目标作为评估指标，然后收集政策实际执行后产生的数据，并将实际数据与目标数据进行比较。该设计方法的问题是没有对照组和前测、后测，故无法确定关键指标发生的变化是由作为自变量的政策带来的结果。

（四）实验（控制）模型

实验（控制）模型是将人随机分配到两组中，一组作为实验组，另一组作为对照组，并分别对两组进行前测、后测，然后比较两组数据，来评估政策是否产生作用。该设计方式的问题是现实中其应用受到客观条件的诸多限制。

（五）准实验模型

准实验模型是在真正的实验不能进行时采用的设计，包括非等价控制组设计（nonequivalent control-group design）和中断时间系列设计（interrupted time-series design）。非等价控制组设计指的是实验组和一个

（非随机选择的）相似组在政策实施前后的比较；中断时间系列设计指的是对实验组在政策实施前后的多次比较。

（六）成本方法

以成本为导向的评估方法包括成本效益分析和成本效果分析。前者指的是对以货币为单位的产出和投入进行比较，数值可以从投资回报率、效益与成本的比率的形式来表达。后者指的是确定使用最低成本达到目标的方法，这种方法比较了获得相同的可衡量目标的不同方法所需的成本。

第五节　中国的社会政策过程

与西方有所不同，中国社会政策的制定过程有其独特之处。本节将讨论中国政策的制定体制及其特点，以及中国政策制定的试点模式。

一、中国政策的制定体制

政策制定过程不仅是行动者（agency）直接制定政策的过程，而且还是受到更深层次的制度规则影响的过程。①

中国政策的制定过程不同于西方，其原因可以回溯到中国宪法的权力分配和国家组织原则层面。与西方分权制衡原则不同，中国实行民主集中制原则。②分权制衡包括分权和制衡两方面：分权指的是把国家权

---

① 对制度的多层次讨论可见 Oliver E. Williamson, "The New Institutional Economics: Taking Stock, Looking Ahead," *Journal of Economic Literature*, Vol. 38, No. 3, 2000, pp. 595-613；埃莉诺·奥斯特罗姆：《制度性的理性选择：对制度分析和发展框架的评估》，载保罗·A. 萨巴蒂尔编：《政策过程理论》，第 48 页。

② 吴爱明、朱国斌、林震：《当代中国政府与政治（修订版）》，中国人民大学出版社 2010 年版，第 8—9 页。

力划分为立法、行政、司法三部分，并由三个国家机关独立行使；制衡指的是这三个国家机关在行使权力的过程中保持一种相互制约、相互平衡的关系。分权制衡原则在西方国家的宪法和政体中集中表现为"三权分立"。与此不同，民主集中制指的是民主和集中相结合的制度，也被称为"议行合一"制，具有如下特点：人民主权的组织形式是各级人民代表大会；不实行三权分立体制；在人民代表机关下面设立"一府两院"（即政府、法院和检察院），一府两院是人民代表机关的执行机关，并对其负责。同时，党的组织和活动与国家权力及其机关的组织和活动遵循同一原则，党国两系统并立，实行"党管干部"制度。①

一般来说，中国政策的制定涉及执政党、国家权力机关（全国人民代表大会及地方各级人民代表大会）、国家行政机关、参政议政的民主党派，有时还包括某些国际组织。

二、中国社会政策的制定过程：以试点模式为例

本部分将以试点模式为例来说明中国社会政策的制定过程。政策试点模式是中国经常采用的出台政策的方式，是一种惯常做法、一种路径依赖，在整体意义上可以说是一种方法论。一般认为，体制转型以及治理经验的缺乏导致"摸着石头过河"，需要通过试验/试点的方法对政策前景进行探索。下面将简单介绍中国行政系统"条块分割"的层级结构、国家级社会政策出台的路径、地方贡献经验的路径以及"先行先试"的试点模式。

---

① "党管干部"指的是凡对干部的管理及与此相关的事务，均由而且必须由中国共产党中央委员会及各级委员会执掌，其他任何组织均无管理干部的权力，其核心在于管理主体的排他性。吴爱明、朱国斌、林震：《当代中国政府与政治（修订版）》，第43页。

（一）业务指导与地方政府管理型的层级管控结构

与西方联邦制、议会制、市民社会不同，中国目前的政府体制在农村地区是"中央—省—市—县（区）—乡（镇）"五级政府，村级自治。但在"行政主导"体系之外，还有与之并行的非常关键的"业务指导"体系。拿养老保险体系为例，具体组织体系框架如图5-4所示。①

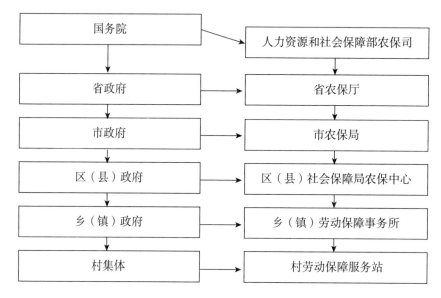

图 5-4　农村社会养老保险制度的组织体系图

资料来源：郑文换：《理解政策过程——中国农村社会养老保险政策试点模式研究》，第84页。

中国行政系统的特点是"条块分割"的格局，"块"指的是横截面上的各级地方政府，"条"指的是纵向上的业务指导系统。"条"和

---

① 实际上，这一组织体系并不是固定不变的。在改革开放之后，因为分散风险的技术需要以及"企业减负"的要求，社保权力逐渐归结到行政系统。1991年到1998年，农村养老保险的组织管理机构是民政系统，1998年机构改革时由民政部归口到劳动和社会保障部。尽管发生了主管权在职能部门之间的再分配，但两个职能部门具有功能等价性，支撑农保政策的基本制度组织结构是类似的。

"块"之间通过人员组织配备上的紧密结合编织成一个稳定的制度结构，意指隶属业务指导系统的各层级业务指导部门也同时隶属于该层级的地方政府。具体来说，业务指导系统的各层级业务指导部门的人员编制及薪资福利均由地方政府负责，并且同级政府的不同业务部门之间的关系并非由各业务部门通过讨价还价进行协调，一般来说是由党委政府统一安排，这加强了"块"的整体性特征。这种组织隶属关系上结合紧密的行政格局功能上却呈现出"条块分割"。

（二）国家级社会政策出台的路径

对于国家级社会政策出台的路径可以从《国务院关于开展城镇居民基本医疗保险试点的指导意见》（国发〔2007〕20号）的出台路径中总结出来。在该文件中，首先提到制定该政策的基本原因是："目前没有医疗保障制度安排的主要是城镇非从业居民。为实现基本建立覆盖城乡全体居民的医疗保障体系的目标，国务院决定，从今年起开展城镇居民基本医疗保险试点"。该文件的发布日期是2007年7月10日。在该文件发布之前的5月9日发布了《国务院办公厅关于成立国务院城镇居民基本医疗保险部际联席会议的通知》（国办发〔2007〕33号），成立了部际联席会议，组长由国务院副总理担任，副组长由劳动和社会保障部部长及国务院副秘书长担任，成员是相关部委的副手。6月8日发布了《国务院城镇居民基本医疗保险部际联席会议工作规则》及《国务院城镇居民基本医疗保险部际联席会议2007年工作计划》，提出"分东、中、西部地区召开三个片会，并召开部分先行探索城市的座谈会，征求地方对于《指导意见》的意见"，同时，"指导试点城市制定试点方案"，"部署启动城镇居民基本医疗保险试点工作"，并"组织新闻媒体在适当时机报道试点工作进展情况与成效"。7月19日发布了

《关于认定2007年城镇居民基本医疗保险试点城市名单的批复》（劳社部函〔2007〕174号），10月24日发布了《关于印发城镇居民基本医疗保险试点评估方案和专家组名单的通知》（劳社厅函〔2007〕412号）。从上述城镇居民医疗保险试点的相关政策文件可以总结出，国家级别社会政策的出台路径一般如图5-5所示。

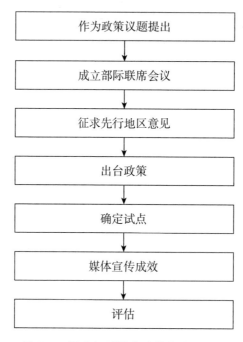

图5-5 国家级别社会政策的出台路径

资料来源：郑文换：《理解政策过程——中国农村社会养老保险试点模式研究》，第92页。

正如上述路径链条中征求先行地区意见所表述的那样，在国家相关政策出台之前，某些地方政府已经出台、实施了地方版的相关政策。一般在国家某项试点政策出台之前，都会经过一个由地方政府积极"试点"的实验阶段，国家希望通过试验、试错过程探索出一个比较放心的政策出来。李培林认为"试错"是一种改革成本的分期支付逻辑。①

(三)地方贡献经验的路径

改革开放后,社会政策规定中一般都有"属地管理原则"的条款,这一条款在事实上显然将地方政府作为最主要的主体纳入到社会政策体系中来。在这一条款的作用下,地方政府也出台了一系列的地方性社会政策。在地方区域内,社会政策的设立、扩面、改革、创新尝试等变化主要由各级地方政府层层从上往下(一般是从区县到乡镇、村)驱动。需要注意的是,其中许多地方社会政策并不是以国家相关政策为依据,具体细化为地方政策的一个文本细化、扩充的过程,而是在"地方创新"的旗号下先于国家政策的出台而出台的,具有所谓的"超前性"。一般来说,这些先行地区的先行政策在国家级别的相关政策出台之后,都会想办法与国家政策相靠拢、尽量与国家政策保持一致。实际上在社会福利领域,做出先行制定某类社会政策的各级地方政府不在少数,仅新农保一项,在国家政策出台前,东(如北京、江苏)、中(安徽、山西)、西部地区(四川、陕西)皆有不少省份的市县出台了地方性新农保政策。② 这些政策先行者有将地方政策上升为国家政策的意图,但是只有少数的某些地方政策会通过某种选优途径进入国家级别政策制定的参考视野,经过对其核心内容的吸收、修订,最后作为国家政策出台。对于这种由地方政府贡献政策蓝图的途径可总结为图5-6。一般来说,这一路径程序是地方政府创新进入国家政策制定过程的必由路径。③

---

① 李培林:《中国社会结构转型——经济体制改革的社会学分析》,黑龙江人民出版社1995年版,第65—69页。
② 青连斌:《建立新型农村养老保险制度的有益尝试》,《理论视野》2009年第6期。
③ 本路径的表述参考了何增科在关于农村村级直选的"媒体报道——上级领导肯定——树为典型——党政发文总结推广经验——法律法规或政策性文件吸收其核心内容从而在更高的层次上加以制度化,是中国地方政府创新在更大范围内加以推广必经的5个阶段"的相关内容。何增科:《农村治理转型与制度创新——河北省武安市"一制三化"经验的调查与思考》,载何增科、高新军、杨雪冬、赖海榕:《基层民主和地方治理创新》,中央编译出版社2004年版,第17页。

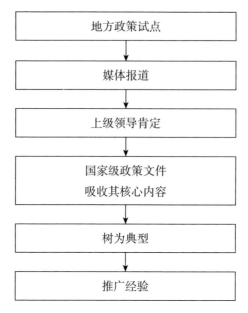

图 5-6 地方政府贡献政策蓝图的路径

资料来源：郑文换：《理解政策过程——中国农村社会养老保险试点模式研究》，第 94 页。

从路径表达的字面意思上来看，政策制定的两个层面——国家层面和地方政府层面具有各自相对独立的特征：国家级社会政策出台路径的原动力体现了国家的意志力及目标设定，其驱动力是国家的政策设计和推行能力；地方贡献政策路径的原动力是地方实践生发的，其核心内容进入国家视野后成为国家制度性政策，而其推行能力仍然保留了依靠"典型"力量带动的作用，整个过程具有一种地方制度"移植、扩散"的特点。

（四）"先行先试"试点模式

实际上，国家级别社会政策的出台路径与地方政府贡献政策蓝图的路径并非如文字表述的如此不同，两者在现实运作中因试点模式这一政策制定、执行过程机制而纠结在一起，特别是体现在"先行先试"试点模式中。"先行先试"这四个字同时破坏了这两条路径的纯粹性。"先行先试"打破了高层决策这一自上而下的教科书式的政策策源地模式,"先行"的地方经验的楔入颠覆了国家政策出台路径的政治理性设计的特征;同时,"先试"这一国家力量的注入又颠覆了地方贡献政策路径的社会实践的特征。那么,"先行先试"试点模式究竟是如何展开的呢?

政策试点模式的组织性机制主要有三个:一是纵向主体间半结构化的越级互动组织机制;二是横向的协调各部门关系的各政府层级"××领导小组";三是正式科层制度的支撑,即正式行政决定和资源流动严格遵循科层等级结构流程。政策试点过程最典型的特点是互动主体的越级性,其主要行动者是中央职能部委和基层地方政府,两者是一种稳定的半结构性关系[①],跨越了省级政府,省级在这一过程中是一个"隐性"存在。各级政府内部成立的由领导班子成员充任的"××领导小组"是解决横向面上各部门间竞争问题的协调性组织机制,其主要工作职能是"组织协调、指导检查、考核评比、研究解决重大问题等"。同时,行政科层结构的每一级都有该政策的"领导小组",这些"××领导小组"从上而下形成一套嵌套组织结构,在组织结构和功能上类似于一套"俄罗斯套娃"玩具。"××领导小组"能解决层级内部职能部门之间的协调问题,还平顺了层级间的可能矛盾,会消解地方试点政策上升为国家政策过程中部门间可能的资源竞争性障碍。纵向越级互动机制和横向面上的"××领导小组"这两个组织机制的结合使得"以线(职能部委)带面(基层政府)"不再成为问题,再加上上述两种组织机制与正式行政科层体制的结合,即行政行文及资源(资金)流动会严格遵

---

① 之所以是半结构化关系,是因为在某一政策领域的高层和基层互动关系中,基层往往是不确定的,是半开放的。

循正式的科层等级结构流程，在地方层面进行试点的政策就有可能成为国家政策。

本章小结

本章对政策分析这一主题从四个层面进行了介绍，即政策制定、政策执行、政策内容以及政策评估。

第一，政策过程阶段模型往往将政策过程分为六个阶段，即问题界定、设立议案、政策选项、政策立法、政策执行、政策评估，然后再到问题界定的循环过程。政策制定理论包括制度主义、精英主义、多元主义以及次政府与议题网络理论。

第二，政府往往在社会政策事宜中发挥主导作用，因此，公共行政思潮——官僚制、新管理主义和新公共服务——的变化会深刻影响社会政策的执行。

第三，政策内容分析指的是对政策制定过程的产出——政策成果获者说政策方案本身的内容进行的分析，一般来说包括四个要素：给付对象、给付内容、输送体系和资金筹集。

第四，政策评估的目的在于发现政策与预期效果之间的因果关系。政策评估包括事前评估和事后评估。

第六章　公共救助政策

公共救助政策是面向社会中的贫困群体的济贫措施，发挥"社会安全网"的作用，是现代社会保障制度体系的重要组成部分。本章将讨论贫困问题、公共救助政策、针对低收入工薪阶层的财税政策以及针对中低收入阶层的社会住房政策。

第一节　贫困

人们对于贫困的看法很广，从食不果腹、衣衫褴褛到缺医少药、住房逼仄，从营养不良、教育质量低下到就业机会缺乏、阶层向上流动困难等，贫困似乎会出现在生活的诸多方面。长久以来，贫困都是与失业和社会阶级联系在一起，到 20 世纪 60 年代，除此以外还出现了与变化中的家庭结构、性别、种族和年龄不平等所带来的多重剥夺相联系的"新贫困"。[①] 总的来说，贫困不再仅仅表现为社会底层所经受的资源匮乏导致的困苦，在某种意义上，贫困更意味着对完全公民身份的限制，对爱、自尊、自重的束缚，对良好社会关系的排斥以及上述这些后果对于社会秩序、社会整合造成的分裂（如犯罪等）。本节将简单介绍贫困的定义、判定贫困的标准以及贫困的测量指标。

---

① 莫里斯·罗奇：《重新思考公民身份——现代社会中的福利、意识形态和变迁》（郭忠华、黄冬娅、郭韵、何惠莹译），吉林出版集团有限责任公司 2010 年版，第 50 页。

一、贫困的定义

贫困包括三个方面,即经济的贫困、文化的贫困和社会资本的贫困。①

(一) 经济的贫困

经济的贫困指的是物质匮乏、资源不足的状态,其焦点在于物质方面的需要得不到满足,基本上是通过占有的资源(resource)和(基本)需要(needs)的比较过程来衡量。英国学者朗特里(Seebohm Rowntree)提出了"初级贫困"(primary poverty)和"次级贫困"(secondary poverty)的概念,他把以粮食为基础的维持体能所必需的最小限度的生活水准定义为贫困线,即家庭不能获得足够维持单纯身体效率性的总收入时则被视为贫困,初级贫困指的是低于这一贫困线以下的状况,次级贫困指的是略高于贫困线以上的状况。

此外,朗特里还提出"贫困循环"(poverty cycle)的概念,来说明贫困在代际间的再生产或者说贫困的传承。比如一对贫困的夫妇,在贫困中生下孩子,孩子长大出去工作后家庭环境会逐渐变好,但随着孩子独立出去成家生子,原生家庭及新家庭的状况又会陷入贫困之中。② 贫困家庭有时候在子女养育方面不能提供恰当的照料,有可能导致儿童在情绪、社会化、智力上达不到正常水平,这样的孩子很可能不能很好地适应学校教育,往往退学率较高并且受教育程度偏低,而这又导致其在劳动力市场上的就业不稳定,进一步导致婚姻及家庭生活的不稳定,不能向下一代孩子提供良好的照顾从而进入下一个恶性循环。

---

① 也有学者提到"制度的贫困"。
② 이창곤,『복지국가를 만든 사람들』.

（二）文化的贫困

文化的贫困理论根据来自于人类学家奥斯卡·刘易斯（Oscar Lewis）于20世纪50年代对贫困的墨西哥家庭的研究。他认为贫民因为生活在与社会的主流文化不同的亚文化当中，他们的态度、价值和行为方式与主流文化相异，而这些贫困群体的亚文化又会通过社会化的过程在代际间传递从而使其无法摆脱贫困状态。

与贫困文化论相呼应，英国学者默里（Murray）和美国学者米德（Mead）用"下层阶级"（underclass）的概念描述了一个国家福利权利衍生出来的群体。该群体具有三个主要特征：非婚生子女的比例极高、（暴力）犯罪活动高发以及具备劳动能力的男子无业。他们认为将该群体区分出来的并不是某种程度的贫困，而是某种类型的贫困，即"下层阶级"并不以某种不利的经济条件而是以违反了令人尊重的规范的共同行为模式为标准。① 他们强调下层阶级本身固有的心理和文化态度（内部障碍）是他们不能获得工作的主要原因，即将贫困问题归结为贫困阶级工作伦理衰退问题，主张道德重建。② 威尔逊在1987年出版的《真正的弱势群体》（*The Truly Disadvantaged*）一书中批判了这种文化贫困的观点，认为不是因为"文化特质"在理解行为时不重要，而是因为这些特质本身恰恰是对社会结构的限制和机会的反映，强调文化与物质因素相互作用的复杂性。③

（三）社会资本的贫困

社会资本的贫困指的是贫困群体被从文化、经济、社会关系中排除

---

① 两者的区别在于对"下层阶级"问题的解决办法上，默里强调取消社会权利，而米德则缓和一些，仅要求加强福利领取的条件。
② 莫里斯·罗奇：《重新思考公民身份——现代社会中的福利、意识形态和变迁》，第115页。
③ 艾伦·肯迪：《福利视角：思潮、意识形态及政策争论》，第55页。

出去，因为缺乏这些社会关系网络而无法获取资源的状况。社会资本理论可以追溯到布迪厄（Bourdieu）和科尔曼（Coleman）对社会资本的讨论。布迪厄将资本分为四类：经济资本、文化资本、社会资本和符号资本。其中，社会资本是实际的或潜在的资源的集合，资源与某种程度上制度化的、由相互熟悉或承认而结成的关系网络的占有有关。① 科尔曼认为，与物质资本和人力资本不同，社会资本本质上存在于行动者之间或行动者之中的关系结构，会促进结构中行动者的某种行动，并区分了三种形式的社会资本：义务与期望（obligations and expectations）、信息渠道（information channels）和社会规范（social norms）。② 总的来说，该理论认为社会资本是社会结构或社会网络的嵌入性（embeddedness）的产物，强调社会性（sociality）赋予行动者的能力，行动者可以据此来影响稀缺资源的获得和分配。③

上述对经济的贫困、文化的贫困和社会资本的贫困的讨论比较接近联合国对于贫困的定义，即贫困有多种表现：缺少收入和生产资源来保证生活的维持延续；饥饿与营养不良；健康状况不良；有限或缺乏教育机会及其他基本服务；疾病导致健康恶化与死亡；无家可归及住房不足；不安全的环境、社会歧视与排斥；缺乏对决策及民事、社会与文化生活的参与。④ 表6-1是部分学者和机构对于贫困的定义。

---

① Pierre Bourdieu, "The Forms of Capital," in J. Richardson, ed., *Handbook of Theory and Research for the Sociology of Education* (New York: Greenwood, 1986), pp. 241-258.

② James S. Coleman, "Social Capital in the Creation of Human Capital," *The American Journal of Sociology*, Vol. 94, Supplement: Organizations and Institutions: Sociological and Economic Approaches to the Analysis of Social Structure, 1988, pp. 95-120.

③ Alejandro Portes, "Economic Sociology and the Sociology of Immigration: A Conceptual Overview," in Alejandro Portes, ed., *The Economic Sociology of Immigration: Essays on Networks, Ethnicity, and Entrepreneurship* (New York: Russeu Sage Foundation, 1995), pp. 6-16.

④ 彼得·德怀尔：《理解社会公民身份：政策与实践的主题和视角》，第87页。

表 6-1 贫困的定义

人物/机构	贫困的定义
亚当·斯密（1776）	不仅包括维持生活必需的财物,还包括即便是最下层的人缺之也不能维持习惯上生活体面的财物
卡尔·马克思（1867）	作为历史发展的产物,必需品的数量及程度很大程度上只能依赖一个国家的文明化程度
彼得·汤森（1979）	贫困是一个相对概念,需要能反映经济的生产性和社区态度的价值判断,贫困指的是与习惯上或者最小限度上被广泛鼓励或认定的生活条件和设施相比资源不足的状态
阿玛蒂亚·森（1992）	贫困是缺乏获得可以接受的最小限度的特定水准的基本能力
世界银行（1998）	能力上达不到政治上可以接受的生活水准的状态

资料来源：출처김주환（2007），『빈곤통계의작성과활용』，이창곤，『복지국가를 만든 사람들』에서 재발췌함。

二、判定贫困的标准

贫困指的是人们占有的资源与其需要相较不足的状态。人有各种各样的需要,有物质的需要和非物质的需要。物质匮乏固然是贫困,但是,比起物质需要,部分人更推崇"安贫乐道",更重视精神需要的满足,并认为精神需要处于极度匮乏的状态也是一种贫困。那么,在这种情况下,如何来判断贫困呢?或者说满足人们的需要,满足到哪种程度是适当的呢?是遵循某种客观标准还是要考虑社会整体的生活水平来决定呢?此外,由谁来判定是否贫困呢?贫困是由客观决定的呢还是由主观决定呢?因为选择的标准不同,消除贫困的努力程度和范围也就不同。学界往往将贫困划分为绝对贫困、相对贫困和主观贫困三种类型。

（一）绝对贫困

绝对贫困指的是占有的资源少于客观标准规定的最低限度水平的情

况。生物学方法、恩格尔系数法和国际贫困线常被用来衡量一国的绝对贫困状况。

1. 生物学方法

在贫困的概念中,营养不良必然占据贫困问题的中心,因此,以人的身体每天必须消耗的热量为基本依据的生物学方法是衡量绝对贫困的基本标准。在此基础上,制定一个人为满足其基本需要所必需的全部最低消费项目如食品费、居住费、医疗费、教育费、交通费等构成的生活必需品清单,并乘以各自的市场价格计算得出绝对贫困线。该方法的问题是食品费根据卡路里可以相对客观地计算得出,但是必需品清单中其他最低消费项目的选定则有很强的任意性。[①]

2. 恩格尔系数法

恩格尔系数(Engel's Coefficient)是食品支出总额占家庭消费支出总额的比重。19世纪德国统计学家恩格尔根据统计资料,对消费结构的变化得出一个规律:一个家庭收入越少,家庭收入中(或总支出中)用来购买食物的支出所占的比例就越大,随着家庭收入的增加,家庭收入中(或总支出中)用来购买食物的支出比例则会下降。利用恩格尔系数方法来计算贫困线会简化计算公式,即首先计算出社会成员的平均恩格尔系数,再根据营养学家测量的最低食品费用乘以恩格尔系数的倒数来决定贫困线。如果社会成员平均收入的1/3被用来购买食品的话,贫困线就是最低食品费乘以3。美国的贫困线是奥尔尚斯基(Orshansky)根据美国农业部实施的家庭支出调查,考虑到食品消费和其他项目的消费之间的关系后,将贫困线设定为最低食品费乘以3得出的数值。

[①] 阿玛蒂亚·森:《贫困与饥荒——论权利与剥夺》(王宇、王文玉译),商务印书馆2012年版,第19—23页。

3. 国际贫困线

世界银行曾在 1990 年按 1985 年的购买力平价将贫困线定为 1 天 1 美元，2008 年以 2005 年的物价指数为标准将贫困线变更为 1 天 1.25 美元，2015 年为反映出 2005 年以来全球出现的价格上涨将国际贫困线标准又上调至 1 天 1.9 美元。[1]

(二) 相对贫困

相对贫困指的是占有的资源与社会整体的生活水平相比不足的情况，其特点是根据特定社会整体的生活水平来决定贫困，是以社会的收入不平等为着眼点，即重视相对剥夺或不平等等概念，强调贫困的相对性。[2] 一般来说，贫困线的确定是根据该社会平均收入或者中位收入的一定比例如 50% 或 60% 来确定，或者将一个社会收入分配分布上最低的一定比例如 10% 或 20% 的下位收入阶层看作贫困层。英国学者汤森于 1979 年用相对剥夺的概念来测量贫困，认为一个人如果不能享受其所居住的地区社会正常的生活方式即为贫困。

(三) 主观贫困

主观贫困这一概念强调贫困关乎个人的福利，因此个人的主观判断很重要，指的是自己觉得自己拥有的资源满足不了自己需要的状况。主观贫困的判定方法主要包括主观贫困线（Subjective Poverty Line，SPL）、莱登贫困线（Leyden Poverty Line，LPL）和社会政策中心贫困线（Centre for Social Policy Poverty Line，CSP）等，其主要区别在于调查问题的设计不同（详见表 6-2）。

---

[1] 刘劼、江宇娟：《世界银行上调国际贫困线标准》，新华网，10 月 5 日，http://news.xinhuanet.com/world/2015-10/05/c_1116739916.htm，访问日期：2016 年 4 月 28 日。

[2] 阿玛蒂亚·森：《贫困与饥荒——论权利与剥夺》，第 25—26 页。

表 6-2 主观贫困的判定方法间的区别

主观贫困的判定方法	主要特征	调查问题举例	部分代表性学者
SPL	基于询问受访者维持生活的家庭最低收入问题	就你的情况而言,你认为能维持你家庭生活正常运行的最低收入是多少?	Goedhart(1977) VanPraag 等(1980)
LPL	基于询问受访者对于家庭不同收入水平的评价问题	请问符合如下标准时,你认为你相应的家庭收入应该为多少? 非常差,差,不足,足够,好,非常好	Goedhart(1977)
CSP	基于询问受访者利用实际可支配收入维持生活的难度问题	请问你家实际收入能否维持生活的正常运行? 很不够,不太够,刚刚够,较轻松,很轻松	Pradhan 和 Ravallion(2000)

资料来源:左停、杨雨鑫:《重塑贫困认知:主观贫困研究框架及其对当前中国反贫困的启示》,《贵州社会科学》2013 年第 9 期。表格内容略有调整。

三、贫困的测量指标

(一)贫困率

贫困率指的是一国或地区的贫困线以下的人口数占其全部人口的比率。贫困率这一指标只考虑了贫困人口的数量而没有考虑贫困的深度。比如在不影响富人收入的情况下,全体穷人收入的减少不会改变穷人的人数,或者贫困线以下的人口中更贫困的人向较之收入略高但仍低于贫困线的人因某种政策进行再分配时,贫困的程度加深而贫困率仍保持不变。[①]

---

① 阿玛蒂亚·森:《贫困与饥荒——论权利与剥夺》,第 17—19、45—47 页。

(二) 贫困缺口

贫困人口中一个人的收入与贫困线收入的差距被称为"收入缺口"（Income Gap），将所有贫困人口的"收入缺口"相加形成的总和称为贫困缺口（Poverty Gap）。在实际中，贫困阶层总的贫困缺口是将每个家庭的收入缺口相加的总和，由此可计算出将一国或地区的贫困人口的收入提升到贫困线水平时所需要的总额。收入缺口率指的是穷人的平均收入缺口与贫困线的比率。①

(三) 基尼系数

在国际上，基尼系数（Gini Coefficient）是最为广泛使用的衡量一国或地区居民内部收入分配差异程度的定量指标。它是由意大利经济学家基尼（C. Gini）于1912年提出，其基础是美国统计学家洛伦兹提出的洛伦兹曲线（Lorenz Curve）。

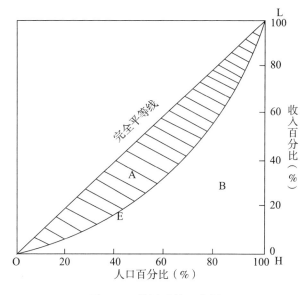

图 6-1 基尼系数示意图

---

① 阿玛蒂亚·森：《贫困与饥荒——论权利与剥夺》，第46页。

图 6-1 的横轴表示一国或地区的总人口按收入由低到高排列的累积人口百分比，比如横轴上的 20 表示总人口中 20% 的最低收入人群，横轴上的 100 表示 100% 的人口即总人口数；纵轴表示该社会中收入或财富由低到高排列的累积收入百分比，比如纵轴上的 20 表示这个国家或地区的 20% 的收入或财富，纵轴上的 100 表示这个国家或地区的 100% 的收入或财富，即总收入或财富。如果这个国家或地区收入或财富的分配是平等的，则 20% 的人口应该占有总收入或财富的 20%，40% 的人口应该占有总收入或财富的 40%，即所有的点应该落在 OL 这条对角线上，但是，这种情况很少符合实际，更常见的是点落在 OLH 这个三角面积中间连接 OL 的某条曲线上，如 OEL 这条曲线上。这条曲线意味着这个社会中 10% 的人并不占有该社会 10% 的收入或财富，而是低于 10%，即这个社会的分配是不平等的，OEL 这条曲线即洛伦兹曲线。直线 OL 与 OEL 这条洛伦兹曲线相交形成的这个曲面则代表了这个社会中不平等的累积。如果用 A 来表示这个不平等的累积曲面，用 B 来表示曲线 OEL 与横轴 OH 及纵轴 HL 相交形成的曲面，则基尼系数等于 A 与 A 加 B 之和相除，用公式表示则是：

$$G = A / (A+B)$$

实际的基尼系数一般介于 0 与 1 之间，基尼系数越小，收入分配的差距越小，基尼系数越大，收入分配的差距越大。一般认为，基尼系数在 0.2 以下意味着收入高度平等，0.2—0.3 为相对平等，0.3—0.4 为比较合理，在 0.4 以上则意味着差距过大。基尼系数的优点在于能清楚明白地显示收入不平等的程度，但是却很难显示出收入分配形态的变化，如在保持基尼系数不变的情况下，可以有很多条 OEL 曲线，每条 OEL 曲线则意味着不同的贫困分布状况。可以使用五分位收入占有率或阶层占有率等指标来弥补基尼系数的这一不足。

（四）森指数

印度学者阿玛蒂亚·森为了解决上述贫困指标的缺点，考虑到贫困的规模、贫困的深度以及贫困阶层内部收入分配的情况，设计了森指数。①

$$P = 贫困率 \times [收入缺口率 + \frac{贫困阶层内的基尼系数}{(1-收入缺口率)}]$$

（五）其他相关概念

1. 社会排斥

社会不平等日益表现为社会排斥。社会排斥不是指社会等级的划分，而是指把某些群体排除在社会主流之外的机制，强调社会关系上的疏离。当代社会存在两种比较明显的排斥类型：一种是对处于社会底层的人们的排斥，将他们排除在社会提供的主流机会之外；另一种是社会上层人士的自愿排斥，富人群体选择离群索居，不参与公共教育和公共保健体系，从公共机构中抽身而出。这两种类型的社会排斥相互作用会进一步恶化社会团结状况。②

2. 贫困陷阱

对于国家来说，贫困陷阱（poverty trap）指的是贫困本身即一国经济停滞的原因。贫困的乡村缺乏卡车、硬化道路、发电机、灌溉沟渠；人力资本很低，人们疲于在饥饿、疾病及目不识丁中挣扎；自然资源匮

---

① 阿玛蒂亚·森：《贫困与饥荒——论权利与剥夺》，第49—52页。
② 安东尼·吉登斯：《第三条道路：社会民主主义的复兴》（郑戈译），北京大学出版社2000年版，第107—108页。

乏，树木被砍伐，土地肥力被耗竭。贫困使得一国缺乏人均资本，没有高于生存水平的边际收入可被用于未来投资。①

在社会政策领域，与上述内容有所不同，贫困陷阱通常指的是家庭每增加一个单位的额外收入，便会减少部分社会福利给付的情况，这意味着对收入征收高隐含税率。这种情况导致人们没有动力去增加收入摆脱贫困，即无法从贫困陷阱中脱身。

3. 人类发展指数

1990年，联合国开发计划署（UNDP）设立了人类发展指数（Human Development Index，HDI），是以"预期寿命、教育水准和生活质量"三项基础变量，按照一定的计算方法得出的综合指标。1990年以来，人类发展指数已在指导发展中国家制定相应发展战略方面发挥了极其重要的作用。

四、中国的贫困

（一）中国的贫困线

中国实际上长期都依据每人每天所需摄入的卡路里数为标准来推算贫困线，后随着社会经济发展，贫困线的制定依据开始逐渐脱离这种生物学标准。2011年农村最低生活保障标准全国人均为1716元/年，城市最低生活保障标准大体占上年城镇居民人均消费支出的25%，2011年全国人均标准为288元/月。图6-2为1978—2008年间农村居民的贫困状况。

---

① Jeffrey D. Sacks, *The End of Poverty: Economic Possibilities for Our Time* (New York: Penguin Group, 2005), pp. 56-57.

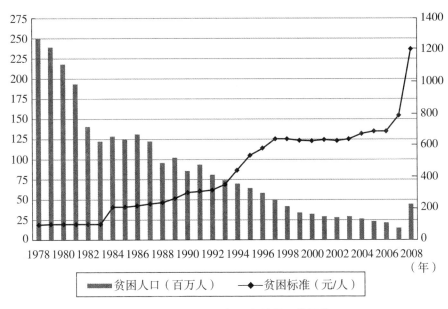

图 6-2　1978—2008 年间农村居民贫困状况

资料来源：国家统计局编：《中国统计摘要（2009）》，中国统计出版社 2009 年版，第 111 页。

(二) 中国历年基尼系数

改革开放前及初期，中国属于短缺经济时期，普遍来说都不富裕，社会贫富差距不大。根据世界银行的数据，中国的基尼系数 1981 年为 0.281，1995 年为 0.388。根据国家统计局的数据，中国 2003—2012 年的基尼系数分别为 0.479、0.473、0.485、0.487、0.484、0.491、0.490、0.481、0.477、0.474。①

(三) 中国集中连片特殊困难地区

根据《中国农村扶贫开发纲要（2011—2020 年）》的精神，按照"集中连片、突出重点、全国统筹、区划完整"的原则，以 2007—2009

---

① 《统计局：去年基尼系数 0.474　收入分配改革愈发紧迫》，中国新闻网，2013 年 1 月 18 日，http://finance.chinanews.com/cj/2013/01-18/4500444.shtml，访问日期：2014 年 5 月 31 日。

年 3 年的人均县域国内生产总值、人均县域财政一般预算收入、县域农民人均纯收入等与贫困程度高度相关的指标为基本依据，考虑对革命老区、民族地区、边疆地区加大扶持力度的要求，国家在全国共划分了 11 个集中连片特殊困难地区，加上已明确实施特殊扶持政策的西藏、四省藏区、新疆南疆三地州，共 14 个片区，680 个县，作为新阶段扶贫攻坚的主战场。具体包括六盘山区（61）、秦巴山区（75）、武陵山区（64）、乌蒙山区（38）、滇桂黔石漠化区（80）、滇西边境山区（56）、大兴安岭南麓山区（19）、燕山—太行山区（33）、吕梁山区（20）、大别山区（36）、罗霄山区（23）、西藏区（74）、四省藏区（77）和新疆南疆三地州（24）。①

第二节 公共救助政策

本节将讨论公共救助的概念、公共救助的原理、公共救助的现状、公共救助的趋势以及中国的公共救助政策。

一、公共救助的概念

公共救助可以说是历史最为久远的保障方式，在现代社会保障制度出现以前，很多国家就对社会中的一时性（如自然灾害导致的）贫困实施过开仓放粮、以工代赈、发放救济金等形式的事后救济。进入现代社会后，公共救助成为一项稳定的制度安排，来应对社会成员中贫困群体面临的一时性或长久性的生活困难问题，保障困难群体最低限度的生活，使之免于生活困窘。公共救助制度往往采取家计审查（means test）

---

① 《关于公布全国连片特困地区分县名单的说明》，2012 年 6 月 14 日，http://www.cpad.gov.cn/publicfiles/business/htmlfiles/FPB/fpyw/201206/180747.html，访问日期：2015 年 10 月 29 日。

的办法来确定救济对象。公共救助一般可以分为两种类型：一般性公共救助（general public assistance）和分类性公共救助（categorical public assistance）。前者以一定收入水平或财产水平以下的人为对象，后者以一定收入水平或财产水平以下的人中的特定人口群（如老人、残疾人、儿童等）为对象。

二、公共救助的原理

公共救助的原理包括国家责任的原理、无差别保障的原理、最低保障的原理以及补充性的原理。①

（一）国家责任的原理

自1601年英国的《济贫法》颁布以来，国家有责任向社会成员中的贫困群体提供救济。

（二）无差别保障的原理

只要符合法律条件，任何人（无论其信仰、性别、社会身份及陷入贫困的原因等）都有得到保护的权利。

（三）最低保障的原理

根据得以享有健康、文明的生活的最低限度的水准决定最低生计费用。一般来说，公共救助的给付额度低于最低工资标准，也被称为最低受惠原则（less eligibility）。

（四）补充性的原理

在自身的财物（收入及财产）、劳动能力、义务抚养者保护、其他法律的保护等手段用尽后仍不能生存下去时，才可使用的最后的依存手段。

---

① 一圆光弥编著『社会保障概説（第三版）』、四六ページ。

三、公共救助的现状

根据国际劳工组织1944年《收入保障建议书》（第67号）和1952年的《社会保障（最低标准）公约》（第102号），大多数国家采取与工资关联的缴费性社会保险计划来覆盖大多数公民，公共救助在一国社会福利体系中往往充当社会保险计划的配角，仅仅为不能被主流社会保险覆盖的小部分群体提供收入保障和其他形式的给付，来减轻现存的贫困并消除社会排斥现象。

在欧盟（加上冰岛、挪威和瑞士），依据家计审查而定的公共救助的开支平均不超过国内生产总值的3%，没有一个国家超过国内生产总值的5%，而全部社会福利的开支平均要超过国内生产总值的25%。如果依据所保障的风险来划分公共救助的类型，平均来说，公共救助的第一大项目是针对老年人、残疾人和遗属的救助给付（超过公共救助总额的1/3，占GDP的1.1%），根据国际助老协会（Help Age）的统计，2/3的老年人口没有定期的收入来源，而有1亿老年人的生活水平在日均1美元以下；第二大项目是住房给付（占GDP的0.6%）；第三大项目是家庭福利（占GDP的0.5%），其次是针对失业者的收入保障（占GDP的0.3%）和针对社会排斥群体的救助（占GDP的0.3%）。[①]

四、公共救助政策的趋势

自20世纪七八十年代福利国家收缩以来，公共救助政策也同样面临收紧的压力，表现在其申领条件越来越严苛、受惠期限也越来越短。

[①] 国际劳工局：《世界社会保障报告（2010—2011）——危机期间和后危机时代的社会保障覆盖》，第52、89—91页。

（一）美国的 AFDC 政策向 TANF 政策的转变

美国的 AFDC（Aid to Families with Dependent Children）政策被 TANF（Temporary Assistance for Needy Families）政策取代，就很好地体现了上述这一救助政策收紧的过程。[①] AFDC 自 1935 年至 1996 年由联邦政府和州政府共同管理，主要面向单亲的、抚养儿童的家庭，州政府在联邦法律宽泛的指导下决定自己的给付水平和给付资格。1996 年 AFDC 被个人责任和工作机会协调法案（the Personal Responsibility and Work Opportunity Reconciliation Act）创设的 TANF 政策取代。TANF 政策的主要特点为：

（1）无授权（no entitlement）。在 AFDC 政策下，任何收入低于某一特定水平以下并且符合某些其他条件的人均可以无限期地有权利（entitled）领取现金给付，但是 TANF 结束了 AFDC 这一现金授权资格。

（2）期限限制（time limits）。一般来说个人最多可以领取五年的现金给付，州政府可以设置更短的期限。

（3）工作要求（work requirement）。至少 50% 的单身母亲领取者和 90% 的双亲家庭必须工作或参加工作培训项目。

（4）对州政府的整笔拨款（block grants to states）。AFDC 政策在联邦支出上没有定额限制，但是在 TANF 政策下，联邦政府给予各州事前决定的额度为福利支出融资，州政府可以全权掌握本州救助系统的结构，决定如何使用这笔拨款。

（5）给付削减率（benefit reduction rates）。在 AFDC 政策下，现金给付领取者的收入每增加 1 元，就会削减 1 元的现金给付，相当于 100% 的削减率。但在 TANF 政策下，一些州调低了削减率，如收入每

[①] Harvey S. Rosen, *Public Finance*, 7th ed. (Singapore: McGraw-Hill, 2005), pp. 166-167.

增加 1 元，削减 33 美分或 80 美分现金给付，削减率各州不等。

（二）英国的社会基金的设立

自 20 世纪 80 年代开始，英国社会政策的立法要求越来越详细，在这种背景下，开始提出社会基金计划，并于 1987 年开始引入。社会基金（social fund，SF）指的是帮助依靠常规收入难以满足需要的人们的计划，是面向低收入人群的一种贷款，该贷款无须支付利息但需要按时偿还本金。该计划由两部分组成：一是向符合一定资格条件（certain qualifying conditions）的人提供孕产、丧葬、御寒用款项的常规计划；二是向符合一定情况（certain circumstances）的人提供款项的自由裁量计划，该部分包括社区照料款项（Community Care Grant）、预算贷款（Budgeting Loan）、危机贷款。社区照料款项指的是满足或帮助满足社区照料需要，预算贷款指的是满足或帮助满足间歇性花费，如装修房屋、置办家具等，危机贷款指的是满足或帮助满足短期临时性需要。①

五、中国的公共救助政策

本部分将梳理中国主要的公共救助政策②及其重要组成部分的最低生活保障制度。

（一）公共救助政策

公共救助是指国家和社会为保障贫困群体基本生活而建立的一系列制度，以及为保证制度实施而形成的管理体制、运行机制、组织网络、

---

① http://webarchive.nationalarchives.gov.uk/20130703092741/http://www.dwp.gov.uk/docs/social-fund-guide.pdf%20，访问日期：2015 年 12 月 6 日。
② "公共救助"在我国多称"社会救助"，为上下文统一起见，除正式法律、政策文本保留"社会救助"这一用语外，其他地方统一为"公共救助"。

物质技术条件等要素有机结合而成的整体。从制度层面，公共救助可概括为：以最低生活保障和五保供养为基础，以医疗、住房、教育等专项救助相配套，以临时救助为补充，与社会帮扶相衔接，形成全方位、多层次的保障贫困群体基本生活的公共救助体系。国家于2014年颁布了《社会救助暂行办法》（国务院令649号）。目前中国主要的公共救助政策可见表6-3所示。

表6-3 中国主要公共救助政策

公共救助项目	主要政策
最低生活保障	1.《国务院关于在全国建立城市居民最低生活保障制度的通知》（国发〔1997〕29号）
	2.《城市居民最低生活保障条例》（中华人民共和国国务院令第271号）
	3.《国务院关于在全国建立农村最低生活保障制度的通知》（国发〔2007〕19号）
五保供养	《农村五保①供养工作条例》（中华人民共和国国务院令第456号）
医疗救助	1.《民政部、卫生部、财政部关于实施农村医疗救助的意见》（民发〔2003〕158号）
	2.《国务院办公厅转发民政部等部门关于建立城市医疗救助制度试点工作意见的通知》（国办发〔2005〕10号）
	3.《国务院办公厅关于建立疾病应急救助制度的指导意见》（国办发〔2013〕15号）
住房救助	1.《城市廉租住房管理办法》（中华人民共和国建设部令第70号）
	2.《国务院关于解决城市低收入家庭住房困难的若干意见》（国发〔2007〕24号）
	3.《关于印发〈经济适用住房管理办法〉的通知》（建住房〔2007〕258号）

---

① 在农村，对生活无依靠的老弱、孤寡、残疾人给予生产、生活照顾，提供吃、穿、住、医、葬（未成年人保教）保障，即"五保"。

续表

公共救助项目	主要政策
住房救助	4.《公共租赁住房管理办法》（中华人民共和国住房和城市建设部令第 11 号）
	5.《住房城乡建设部、财政部、国家发展改革委关于公共租赁住房和廉租住房并轨运行的通知》（建保〔2013〕178 号）
教育救助	《民政部、教育部关于进一步做好城乡特殊困难未成年人教育救助工作的通知》（民发〔2004〕151 号）
灾害救助	《自然灾害救助条例》（中华人民共和国国务院令第 577 号）
流浪乞讨救助	《城市生活无着的流浪乞讨人员救助管理办法》（中华人民共和国国务院令第 381 号）
临时救助	《民政部关于进一步建立健全临时救助制度的通知》（民发〔2007〕92 号）
就业救助	《社会救助暂行办法》（中华人民共和国国务院令 649 号）

资料来源：王治坤主编：《中国社会救助发展报告 2013》，中国社会出版社 2015 年版，第 7 页。"就业救助"出现在 2014 年颁布的《社会救助暂行办法》（国务院令第 649 号）中，表 6-3 中的该条目由笔者添加。

（二）最低生活保障制度

中国的最低生活保障制度是指对低于当地最低生活保障标准的城乡贫困人口实行差额补助的一项公共救助制度。该制度实行属地管理和动态管理，首先需要以家庭为单位提出申请，由相关部门对申请家庭的收入和财产进行审查，之后补差发放低保金。

城市最低生活保障制度首先于 1993 年在上海市进行试点，1997 年国务院下发《关于在全国建立城市居民最低生活保障制度的通知》，部署在全国建立这项制度，1999 年国务院颁布《城市居民最低生活保障条例》，2003 年基本实现应保尽保。保障标准是按照当地维持城市居民基本生活所必需的衣、食、住费用，并适当考虑水电燃煤（燃气）费用以及未成年人的义务教育费用确定，大体占上年城镇居民人均消费支出的 25% 左右。农村最低生活保障制度首先于 1994 年在上海市及山西省阳泉市进行试点，1995—2007 年在多地陆续开展了不同程度的试点。2007 年国务院下发《关于在全国建立农村最低生活保障制度的通知》，要求全面实施农村低保制度，2007 年年底在全国范围内实现了制度建设，2010 年基本做到了应保尽保。保障标准是由县级以上地方政府按照能够维持当地农村居民全年基本生活所必需的吃饭、穿衣、用水、用电等费用确定，大体占上年农村人均生活消费支出的 35%。历年最低生活保障制度的基本情况可见表 6-4 所示。

表 6-4 最低生活保障制度覆盖人数和财政支出发展趋势
（2002—2013 年）

年份	保障人数（万人）			财政支出（亿元）		
	城镇低保	农村低保	五保供养	城镇低保	农村低保	五保供养
2002	2064.7	407.8	213.3	—	—	—
2003	2246.8	367.1	204.2	—	—	—
2004	2205.0	488.0	265.8	—	—	—
2005	2234.2	825.0	349.7	—	—	—
2006	2240.0	1593.1	503.3	—	—	—
2007	2240.1	1593.1	531.3	277.4	109.1	62.7
2008	2335.0	4306.0	548.6	393.4	228.7	76.0
2009	2346.0	4760.0	553.4	482.1	363.0	88.0
2010	2311.0	5214.0	556.3	524.7	445.0	98.1
2011	2277.0	5306.0	551.0	659.9	667.7	121.7
2012	2144.0	5345.0	545.6	674.3	718.0	145.0
2013	2064.2	5388.0	537.3	756.7	866.9	172.3

资料来源：王治坤主编：《中国社会救助发展报告 2013》，第 8 页。

第三节 财税政策

财税体系在递送社会福利给付时的作用日益重要。财税福利（fiscal welfare）是英国学者蒂特马斯提出的福利类型之一，传统上，通过税式支出获得税负减免的人群只限于收入在一定水平之上、有纳税能力的中产及以上阶级，而穷人则被排除在外。后在20世纪70年代新自由主义思潮泛起之时，财税体系作为压缩福利国家的工具受到重视，新自由主义经济学家弗里德曼（在没有办法完全取消福利的现实状况下）提出利用税收系统取代国家福利供给体系，以减少政府的巨大开支，并具体设计出负所得税（negative tax）这一政策工具。负所得税经过修正后在美国以工作收入课税津贴（Earned Income Tax Credit，EITC）、在英国以工作家庭课税津贴（Working Family Tax Credit，WFTC）的政策形式得以施行。财税政策的福利功能与税收的规模、税收的来源及不同阶层之间税收负担的差别、消极的及积极的税式支出有关。

一、福利体系与财税体系之间的关系

（一）税收与福利

税收是一个国家运作的必要基础，但国家从社会中汲取资源的力度必须保持一个平衡，过度汲取会伤害社会，过少则没办法执行正常的国家功能。与经济政策不同，社会政策的目的是提升社会的福祉水平，往往具有再分配的特征，因此并不直接生产资源，反而需要从税收形成的国家财政中获取资源。可以说，福利体系与财税体系息息相关，两者直接影响着国民的生活水平。财税的多寡会影响到福利的开支水平，概而言之，高税收可能意味着高福利开支，反之亦然。世界主要发达国家和

地区的税收水平见表 6-5 所示。

表 6-5 2005 年世界主要发达国家和地区的税收
占国内生产总值的百分比

瑞典	50	德国	35
法国	44	加拿大	33
意大利	41	澳大利亚	31
欧元地区平均水平	40	日本	27
英国	37	美国	27

资料来源：转引自迈克尔·罗斯金：《国家的常识：政权·地理·文化》，第 80 页。

但另一方面，福利开支的增加也会给征税带来压力，征税会直接缩小企业的利润空间，削弱企业家的投资动机，从而可能导致整个经济体系的萎缩；同时，高税收可能减少国民的可支配收入，压制消费自由。世界主要发达国家企业负担和受管制情况可见表 6-6 所示。

表 6-6 1999 年世界主要发达国家企业的负担和受管制评分

法国	2.75	瑞典	1.80
意大利	2.75	荷兰	1.40
日本	2.30	美国	1.25
德国	2.10	英国	0.50

资料来源：转引自迈克尔·罗斯金：《国家的常识：政权·地理·文化》，第 153 页。

一般来说，通过税收形成的财源有利于确保给付的普遍性，由政府一般预算而来的财源会尽可能以全体公民为对象，更易于实现收入再分配的目标；同时，由税收形成的财源比起其他财源而言具有稳定性及持续性。

（二）税收名目

一般来说，税收来源于所得税、消费税、增值税、财产税等名目下征收的税金。所得税包括个人所得税、法人所得税，该税种是按照负担能力原则课税，所以高收入阶层的税率一般也更高。消费税（consumption tax）指的是以消费品的流转额作为征税对象的税收，该税种与消费者的收入水平无关；如果对低收入阶层大量消费的商品征收低税率或不征收，而对高收入阶层大量消费的奢侈品如高档烟酒、高档化妆品等征收高的税率，则具有收入再分配的效果。增值税是针对每个交易阶段发生的收入的征税，这往往会提高高收入阶层的税收负担，具有再分配的效果。财产税是针对个人所有的财产价值征收的税，但该税种往往不问来源而对相同的财产征收相同的税率，很难随财产价值的变动而自动变化税率，所以累进性低。

（三）税率

税率是对征税对象的征收比例或征收额度，是计算税额的尺度，也是衡量税负轻重与否的重要标志。与税收名目一样，税率的确定方式会影响到人们的福利水平以及经济运行。税率可分为累进税和累退税等等。

累进税指的是税率随课税对象数额的增加而提高的税，即按照课税对象数额的大小，规定不同等级的税率。课税对象数额越大，税率越高；课税对象数额越小，税率越低。一般来说，累进税符合社会政策的平等原则。累退税则是指税率随课税对象数额的增大而逐级降低的税，累退税一般被认为有利于刺激资本投资，强调效率价值。

二、财税福利

在工作福利（workfare）意识形态的激励下，将税收体系和社会福利的给付体系融合在一起，把社会权利与税负权利通过税负减免结合起来的财税福利受到广泛支持。财税福利指的是通过税收或者相关制度获得津贴或补助金。具体来说，自由主义者支持它是因为现金转移支付与市场配置是相容的，一方面可以缩小政府因直接提供实物给付而扩大的行政开支，另一方面是通过直接提供现金给付可以尊重自由主义者主张的消费者主权。社民主义者支持它是因为每个人可以凭借公民资格而得到最低收入，同时还能避免因为家计审查带来的耻辱烙印。

（一）财税福利项目

1. 税式支出

财税福利的传统形式是税式支出，指的是由于对特定行为或者特定纳税群体实行政策优惠而导致的财政收入损失。税式支出一般包括税项减免、税项津贴、收入免税和税负减免方式。税项减免指的是对某些特定形式的收入，无需缴纳所得税。① 税项津贴指的是通过某种形式的税项减免获得的津贴。收入免税指的是对总收入达到一定额度实行免税，因而减少了收入中须纳税的部分。税负减免指的是税单上的税项减免，从而减轻了纳税义务。若税单税额为零，或者低于减免额，所缴纳的税也可退还给纳税人。

2. 负所得税

（1）关于负所得税的讨论。作为新自由主义经济学家，弗里德曼

---

① 阿德里安·辛菲尔德：《税福利》，第 156—157 页。

反对由政府来承担社会上脆弱群体的福利责任，但鉴于政府对人们的种种规制及不当的福利措施已经使众多福利受惠者依赖政府了，所以弗里德曼设计出负所得税计划作为过渡措施试图来削减政府干预。负所得税计划将确保每个人的最低收入，用货币税取代实物给付。这种方法的实质是想通过补贴穷人的收入来扩展所得税，使得负所得税与现行的所得税在概念上与方法上保持一致性。弗里德曼认为，负所得税计划既促进了自由又促进了效率，如由货币税取代实物给付保障了消费者主权同时又获得了行政效率，等等。"它将消除官僚主义及政治贿赂。负所得税计划将使我们得以几乎全部地消除为现有计划所要求的那些累赘的、代价高昂的福利官僚机构。目前供职于这些官僚机构的有为之士，可以将他们的才智贡献到更有用途的事业中去。为了政治庇护而利用官僚机构的可能性将得到消除。另一个与此有关的优点是：负所得税计划不可能像那些可以而且已经被用作政治贿赂的、如此之多的现行计划——最突出的是贫困之战计划——那样，也被用作政治贿赂"。①

（2）负所得税的基本原理。从简单的所得税角度，其基本原理可以由图6-3来展示：在收入达到B之前，个人收入是免税的；此后个人收入被征以t的税。假设$B=4000$英镑，$t=35\%$。最简单的负所得税可以由直线G_0BA来阐明：如果一个人的收入超过4000英镑，他需要对超出部分纳35%的税；如果其收入低于4000英镑，则获得其收入与4000英镑之间差额的35%。用公式表示为：$T=t(Y-B)$，其中t为税率，Y为收入，B为起征点收入，T为（正的或负的）纳税额。

---

① 米尔顿·弗里德曼：《弗里德曼文萃》（高榕、范恒山译），北京经济学院出版社1991年版。

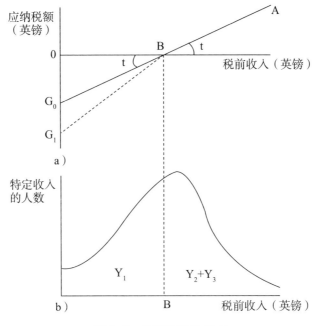

图 6-3 负所得税的成本

资料来源：尼古拉斯·巴尔：《福利国家经济学》（郑秉文、穆怀中译），中国劳动社会保障出版社 2003 年版，第 271—272 页。

需要注意的是，高于或低于起征点收入（B 点）时可以采用不同的税率（由 G_1BA 表示）。

虽然负所得税得到了广泛支持，但是没有国家实施这一方案，原因一方面在于对于国家财政的压力，另一方面在于它被认为会对劳动力的供给产生负激励即会削弱劳动动机。

3. 工作收入课税津贴/工作家庭课税津贴[①]

工作收入课税津贴（Earned Income Tax Credit, EITC）是直接通过税收系统而不是福利行政系统对低收入工薪家庭的收入补贴，是美国最大的现金转移支付项目。英国与工作收入课税津贴类似的项目是工作家

---

① Harvey S. Rosen, *Public Finance*, 7th ed., pp. 176-178.

庭课税津贴（Working Family Tax Credit，WFTC），即通过课税津贴（tax credit）的形式实施的补贴。这两个项目是针对工薪家庭的课税津贴，即符合 EITC 和 WFTC 申领条件的只限于有工作的穷人（working poor）。举例来说，如果你欠政府 1000 元的所得税，但同时你有 600 元的课税津贴，则你只需要支付 400 元即可。尤其重要的是，如果你的课税津贴超过你的应付税额的话，则超出部分会由政府支付给你。英国的 WFTC 的课税津贴与受助者的年龄、婚姻状况和工作时间相关，其目标是支持政府"工作第一"（work first）的减贫战略。图 6-4 是美国针对有两个及以上孩子家庭的 2003 年的法律规定，横轴是家庭收入，纵轴是 EITC 额度。EITC 为确保只有穷人才能得到课税津贴，规定了逐步停止的范围（phase-out range），即在 14730 美元至 34692 美元这一范围内，受惠者的收入每增加 1 美元则获得的课税津贴会减少 21.06 美分，当收入在 34692 美元以上时，就不会再获得课税津贴。

EITC 和 WFTC 项目符合"工作福利"（workfare）的理念，有利于防止贫困陷阱的发生并能刺激贫困阶层参与劳动力市场。

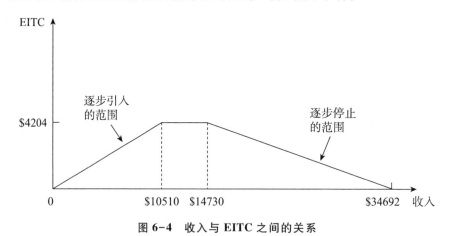

图 6-4　收入与 EITC 之间的关系

资料来源：Harvey S. Rosen, *Public Finance*, 7th ed.（Singapore：McGraw-Hill，2005），p. 177。

(二) 对财税福利的评价

很多国家都在实行财税福利,尤其是针对养老金制度的缴费税收减免。有数据显示,英国仅就养老金缴费一项,至少有一半的税项津贴进入了最富裕的10%的纳税人的口袋,四分之一用来补贴最富裕的2.5%的纳税人,而处于最底部的10%的纳税人仅获得了1%的税项津贴,体现出强烈的累退模式。①

税项津贴非常隐秘,它在经济、政治、社会诸方面都加剧了不平等,但是这种影响通常都被忽略了。有关的研究只着眼于财税福利的纯经济学方面——税收福利花费的成本多大;只是在非常有限的程度上,才会注意到谁从中得到什么;至于是谁在实际承担成本,则只有零星研究。②

运用税项津贴去鼓励私有化进程,很有可能瓦解欧洲社会模式(European Social Model)下促进欧洲团结和社会融合的各种政策努力,因为通过税项津贴实现的任何再分配形式,除了政策目标群体确定的税负减免政策,产生的效果都是让高收入阶层获益。这无疑强化了福利的社会分层,以及经济和政治分层。③

第四节 社会住房政策

吉登斯认为住房是维持社会生活、实现劳动力再生产的中心场所。

---

① 阿德里安·辛菲尔德:《税福利》,载马丁·鲍威尔编:《理解福利混合经济》,第165—166页。
② 同上书,第174页。
③ 同上书,第173页。

同时，住房也对人们的精神福利和社会团结有重要影响，当低收入阶层的住房没能分散布局，而是集中在特定的邻里区域或城镇时，整个邻里区域或者城镇将越来越贫穷化，引发强大的城市隔离机制的形成，并且容易导致社会暴力运动或反叛。① 因此，住房政策尤其是社会住房政策在社会政策领域占有重要的一席之地。住房政策是一种广义的政府行为，它覆盖了任何直接或间接影响住房的政府行为、法规或经济政策，这可能包括影响住房供给和住房价格的政策、影响住房购买的税收政策、住房标准和土地使用权模式的政策。② 社会住房又称公共住房，主要指为了解决中低收入阶层居民的居住问题，由政府直接投资建造或由政府以一定方式对建房机构提供补助、由建房机构建设，并以较低价格或租金向低收入家庭进行出售或出租的住房。社会住房政策指的是与此相关的诸多政策。

一、住房及住房政策的特点

哈斯曼和奎格利认为住房有区别于其他经济商品的独特特征，住房政策也因此具有特殊性。③

（一）住房作为商品的独特性

第一，住房是一种复杂的商品。住房的评估复杂、建造复杂以及交易复杂，房主或房东为获得最大效用或利润必须收集和处理大量信息来

---

① 让·克劳德·德里昂、马璇、姚鑫：《欧洲与法国社会住房政策的主要问题》，《国际城市规划》2009 年第 4 期。
② 肯·布莱克默：《社会政策导论（第二版）》，第 139 页。
③ Bjorn Harsman and John M. Quigley, "Housing Markets and Housing Institutions in a Comparative Context," in Bjorn Harsman and John M. Quigley, eds., *Housing Markets and Housing Institutions: An International Comparison* (Boston, Dordrecht, London: Kluwer Academic Publishers, 1991), pp. 2-3.

决策。

第二，住房固定于一个地方。这意味着选择住房也是选择邻里、选择通勤方式、选择诸如学校和购物中心此类的地方服务设施。

第三，住房造价昂贵。这是一种常见形式的土地使用权租赁。对所有者而言，这使得按揭还款比买断有吸引力，也意味着住房消费一般构成家庭预算的实质部分，新建造的居住用房也是每年国家净投资的实质要素。

第四，住房有极长的使用期。这意味着一个地区新建造的住房仅为整个住房消费量的一小部分，新的建造行为易受房屋需求微小变动的影响，这也意味着地方投资行为的后果将长期影响物理环境。

第五，对于现代工业社会中的任何想过正常生活的人或家庭而言，住房就是必需品。可以有很多住房服务的可能替代品，但住房本身很少有替代品。同时，不管人们多么贫穷，家庭需要住房服务。

上述五个特征的结合决定了住房市场的特殊性。其中，造价昂贵的属性以及必需品属性凸显了这一事实，即即便是低收入家庭也必须消费这样一些昂贵商品，如果没有某种形式的补助，住房支出对于贫困家庭而言则非常高昂。

(二) 住房政策的特殊性

第一，住房是必需品以及住房占据了家庭预算的一大部分，因此，住房政策会影响到所有公民。这意味着住房分布对建造商和消费者而言是一个重要问题，对政治家和政府官员而言是一个重要的象征性问题（symbolic issue）。

第二，住房政策的方向仅能缓慢改变，尤其是补助措施专项用于长期居住的住处（long-lived dwellings）时。从长期来看，即使是对住房补助承诺的大的改变，也只能缓慢影响补助住房的存量。

第三，住房政策与经济政策和社会政策的很多其他重要目标紧密相关，比如宏观经济的稳定、社会福利、公共卫生、适当的土地使用、经济发展和地区平衡。如果没有协调，那么其他领域里的行为和政策倡议就会影响到住房政策的效果并且可能阻碍住房政策。

第四，必须承认的是住房政策难以设计并且可能难以评估，部分原因在于不确定性会在长时段内放大。

二、国外的社会住房政策

（一）西欧社会住房政策状况

从19世纪末开始，尤其是在第二次世界大战之后，在大多数西欧国家，社会住房政策目标指向两个方面：一是通过向缺乏合理住宅的职工提供住房以促进经济发展；二是推动区域的发展，促进区域交通网络的发展和城市现代化。从20世纪70年代起，社会住房政策目标开始变化，国家关于社会住房供给的观念也变得多样化。欧盟的27个国家中存在三种主要的社会住房政策模式：剩余模式（residual model）、一般模式（generalist model）和普惠模式（universal model）。剩余模式主要存在于南欧及东欧国家，其主要特征是社会住房仅供给那些最贫穷的阶层。一般模式主要存在于德国、英国、法国和比利时，这种模式虽然受到一种或多种形式的收入和租金上额的限制，但社会住房将提供给更广大的社会群体。普惠模式目前在一定程度上存在于瑞典、丹麦和荷兰，社会住房更多地以一种不带任何社会目标的"公共住房"的形式出现，其目的在于形成强大的社会租赁部门，为所有人提供大量的可支付的租赁住房。① 欧洲住房政策的普遍趋势是普惠模式的废除，同时许多实行

---

① 让·克劳德·德里昂、马璇、姚鑫：《欧洲与法国社会住房政策的主要问题》。

一般模式的国家向剩余模式靠拢,其详细数据可见表6-7所示。

表6-7 1984年和1998年部分欧洲国家社会住房和营利性住房趋势比较(%)

国家	年份	社会住房	营利性住房	总计
德国	1984	76.8	23.2	100.0
德国	1998	58.9	41.1	100.0
荷兰	1984	74.2	25.8	100.0
荷兰	1998	41.3	58.7	100.0
英国	1984	54.8	45.2	100.0
英国	1998	26.4	73.6	100.0
法国	1984	50.5	49.5	100.0
法国	1998	16.3	83.7	100.0

资料来源:转引自让·克劳德·德里昂、马璇、姚鑫:《欧洲与法国社会住房政策的主要问题》,《国际城市规划》2009年第4期。

(二)英国的社会住房政策

英国近代住房政策的历史可以分为三个阶段。

第一个阶段是19世纪时期,这一时期鼓励雇主为工人建造高质量的住房。"现代住房"规划大多是工业家长作风的结果,一些是与慈善相联系,一些与为穷人提供"过得去"的住房相联系。尽管住房明显不足,但部分因为深信所有财产掌握在私人手中的重要性,英国政府不情愿干预住房市场,虽然在19世纪80年代出台过《住宅法案》,但到1900年没有显著的成效。[1] 在这期间,希尔(Octavia Hill)是住房福利政策的先驱。

第二个阶段是从第一次世界大战到20世纪60年代,住房理想(新城和花园式城市)大多受到社会工程概念的影响。社会住房项目开始

---

[1] Pat Thane, *Foundations of the Welfare State*, pp. 42-43.

于第一次世界大战之后,当时劳合·乔治政府承诺为凯旋的士兵提供"适合英雄的家"（homes fit for heroes）。① 虽然早期曾建造过少量公共住房,但是公共住房的有效增长是在第二次世界大战后,地方政府能够获得中央政府的补贴,为"工人阶级"提供住房,1951 年至 1964 年是公有和私有住房建造的繁荣时期。

第三个阶段是 1970 年后,这一时期市场和自置居所已经成为住房政策的中心。20 世纪 60 年代后期,政府认为应该激励房主购房自住,并用减税的办法帮助贷款。70 年代开始限制地方当局建房的公共开支,并于 1980 年颁布《1980 年住房法》给予地方当局和住房协会的房客"购买权"（right to buy）,这对公共住房系统造成了更大冲击。② 从 1983 年到 1990 年,拥有专业技术成员的家庭住在公房中的比例从 24%下降到了 15%,专业人士和高收入的工薪阶层已经很少再住公房了。

（三）美国的社会住房政策

美国向贫困人口提供住房补贴始自 1937 年。公共住房由地方政府所有、发展以及运营,联邦政府会补贴建筑成本以及房客一部分的使用成本。与其他福利项目不同,仅仅满足家计审查并不能申请到公共住房,公共住房远远供不应求。并且,公共住房往往被视为培养犯罪和其他社会病理问题的温床,出于各种原因,20 世纪 70 年代早期开始很少再建联邦公共住房。③

（四）新加坡的社会住房政策

新加坡通过发展公共住房有效地解决了新加坡人的住房问题。1959

---

① 哈特利·迪安:《社会政策学十讲》,第 23 页。
② 迈克尔·希尔:《理解社会政策》,第 288—289、48—50 页。
③ Harvey S. Rosen, *Public Finance*, 7th ed., pp. 182-183.

年新加坡面临非常严重的房荒，84%的家庭居住在店铺和简陋的木屋里，其中40%的人居住于贫民窟和窝棚，仅9%的居民能住上像样的公共住房。1960年新加坡建屋发展局（Housing Development Board，HDB）正式运作并于1964年2月推出"居者有其屋"计划。据统计，至2007年底新加坡HDB累计建造了88.34万套公共住房，容纳了81%的新加坡居民。此外，79%居住在公共住房中的居民拥有住房产权，整个新加坡住房产权拥有率更高达92%。新加坡的私人住房部门是自由的房地产市场，其规模相对于公共住房部门要小很多。私人住房部门在1985年仅占所有住房比例的13.2%，而2006年比例达到最高时也只有20.98%。私人住房部门中，私人住房出售市场主要针对高收入群体。此外，还有一小部分供出租的私人住房主要用来吸引外国消费者。①

三、中国的住房政策

"安得广厦千万间，大庇天下寒士俱欢颜，风雨不动安如山"。居有定所一直是多数中国人生活福利甚至生命质量的重要组成部分。本部分将简单介绍中华人民共和国成立后的住房改革和社会保障性住房的发展。

（一）中华人民共和国成立后的住房改革

中华人民共和国成立后中国的住房政策以改革开放为历史分期点。改革开放之前，我国实行"统一管理、统一分配、以租养房"的公有住房实物分配制度，"住房靠国家，分房靠等级"，在福利分房年代这一口号十分流行；之后，住房改革大致经历了"试点售房""提租补

---

① 张祚、刘艳忠、陈彪、朱清：《新加坡公共住房分配体系研究》，《华东经济管理》2011年第7期。

贴""以售代租""市场化改革确立"时期。① 1998年7月3日国务院《关于进一步深化城镇住房制度改革加快住房建设的通知》提出稳步推进住房商品化、社会化，逐步建立适应社会主义市场经济体制和我国国情的城镇住房新制度。改革目标是停止住房实物分配，逐步实行住房分配货币化；建立和完善以经济适用住房为主的多层次城镇住房供应体系；发展住房金融，培育和规范住房交易市场。针对不同收入家庭实行不同的住房供应政策，最低收入家庭租赁由政府或单位提供的廉租住房，中低收入家庭购买经济适用住房，其他收入高的家庭购买、租赁市场价商品住房。此外，为解决住房消费资金的来源问题，1991年上海在借鉴新加坡中央公积金制度的基础上实行了住房公积金制度，后逐渐在全国范围内开始推行这一制度，国务院于1999年颁布了《住房公积金管理条例》。此外，2007年颁布的《中华人民共和国物权法》（中华人民共和国主席令第62号）规定私人的物权受法律保护。表6-8是1978—2012年中国城市及农村居民人均住宅建筑面积情况。

表6-8 1978—2012年中国城市及农村居民人均住宅建筑面积情况（平方米）

年份	城市居民人均住宅建筑面积	农村居民人均住宅建筑面积	年份	城市居民人均住宅建筑面积	农村居民人均住宅建筑面积
1978	6.7	8.1	1996	17.03	21.7
1979	6.9	8.4	1997	17.78	22.5
1980	7.18	9.4	1998	18.66	23.3
1981	7.7	10.2	1999	19.42	24.2
1982	8.2	10.7	2000	20.25	24.8
1983	8.7	11.6	2001	20.8	25.7
1984	9.1	13.6	2002	22.79	26.5

① 《中国住房制度改革若干政策的反思》，中国产业洞察网，2012年8月16日，http://www.51report.com/free/12739.html，访问日期：2015年12月12日。

续表

年份	城市居民人均住宅建筑面积	农村居民人均住宅建筑面积	年份	城市居民人均住宅建筑面积	农村居民人均住宅建筑面积
1985	10.02	14.7	2003	23.7	27.2
1986	12.44	15.3	2004	25.0	27.9
1987	12.74	16.0	2005	26.1	29.7
1988	13.0	16.6	2006	27.1	30.7
1989	13.45	17.2	2007	28.0	31.6
1990	13.65	17.8	2008	28.3	32.4
1991	14.17	18.5	2009	31.3	33.6
1992	14.79	18.9	2010	31.6	34.1
1993	15.23	20.7	2011	32.7	36.2
1994	15.69	20.2	2012	32.9	37.1
1995	16.29	21.0			

资料来源：国家统计局编：《中国统计年鉴（2014）》，中国统计出版社2014年版，第169页。

（二）社会保障性住房的发展

在社会保障性住房方面，2007年8月公布的《国务院关于解决城市低收入家庭住房困难的若干意见》（国发〔2007〕24号）指出"住房问题是重要的民生问题"，要切实加大解决城市低收入家庭住房困难工作力度，把解决城市低收入家庭住房困难作为政府公共服务的一项重要职责，加快建立健全以廉租住房制度为重点、多渠道解决城市低收入家庭住房困难的政策体系。[①] 城镇廉租住房是指政府在住房领域实施社会保障职能，向具有城镇常住居民户口的低收入家庭提供的租金相对低廉的普通住房。国家从政策措施上多方面为廉租住房制度提供支持和保障，比如，安排不低于10%的土地出让金收入用于廉租住房建设。2015

[①] 《改革开放30年：住房改革开启中国人居新时代》，《经济参考报》2008年11月21日，http://jjckb.xinhuanet.com/gnyw/2008-11/21/content_129705.htm，访问日期：2015年12月5日。

年的中央经济工作会议认为化解房地产库存成为次年结构性改革的任务之一。在这一背景下，出现了打通保障房与商品房的供给渠道，如棚改可以从商品住房市场购买项目来消化房地产库存以及探索共有产权住房制度，形成针对农民工等中低收入人群、按照商品住房产权分期累计让渡的购房支付机制等社会建议。①

本章小结

本章讨论了贫困问题、公共救助政策、财税政策以及社会住房政策。

第一，贫困包括经济的贫困、文化的贫困和社会资本的贫困。衡量贫困的标准可分为绝对贫困、相对贫困和主观贫困三类。贫困的测量指标包括贫困率、贫困缺口、基尼系数等。

第二，公共救助是历史最为久远的社会政策，用来保障贫困群体最低限度的生活，一般采取家计审查的办法来确定救济对象，可分为一般性公共救助和分类性公共救助两类。

第三，财税体系在递送社会福利时的作用日益重要。财税福利指的是通过税收或者相关制度获得津贴或补助金。在工作福利意识形态的激励下，财税福利受到广泛支持，出现了工作收入课税津贴、工作家庭课税津贴等项目。

第四，住房是一种复杂的、昂贵的商品，但不管人们多么贫穷，也需要一定量的住房服务。社会住房政策主要是为了解决中低收入阶层居民的住房问题。

---

① 《楼市去库存上升到"国家任务"看各方如何出手?》，新华网，2015年12月24日，http://news.xinhuanet.com/politics/2015-12/24/c_1117569949.htm，访问日期：2015年12月27日。

第七章 社会保险政策

与公共救助的事后救济不同,社会保险作为风险分散机制是一种事前预防的措施,是现代社会保障制度中比重最大的项目。一般认为,德国于19世纪80年代制定的三大社会保险——1883年的《疾病保险法》、1884年的《工伤保险法》以及1889年的《老龄残疾保险法》,是国家正式对国民的社会风险承担责任的开端,同时也被视为福利国家的起源。本章将分七节分别介绍社会保险的一般情况,养老保险、保障政策,老龄长期护理政策,医疗保险、保障政策,失业保险政策,工伤保险政策及生育保险政策。需要指出的是,上述讨论虽然主要关注社会保险,但养老、医疗、失业、工伤及生育风险往往对应的是由社会保险为主要组成部分的社会保障体系,因此,出于系统性考虑,本章会涉及这些领域(尤其是养老和医疗领域)的社会保障体系,而不仅仅是该领域的社会保险部分。

第一节 社会保险概述

目前学界并没有形成统一的保险定义,一般来说,"保险"指的是为防备特定的偶然事故,众多经济行为人通过缴纳一定的费用形成共同的准备金,当有缴费者遭遇规定的风险时,则可以从准备金中获取保险金的制度。与由民营企业经营的以人、货物等为对象的商业保险不同,社会保险指的是由(国家或社会团体等)适当组织以保险的方式来处理公民发生的社会风险,来保障公民的健康、收入等的福利制度。

一、社会保险的理论基础

保险的理论基础是"大数法则"和"交易获利原则"。[①] 简而言之,大数法则指的是虽然个人面对的风险事件的发生不确定,但是一个社会面对的风险发生的概率却近乎是确定的。例如,某个大城市中的某个人在某个时段是否需要救护车是不确定的,但是,这个大城市在某个时段需要的救护车的数量却大体是确定的;又例如,某一个40岁到60岁的人是否死亡是不确定的,但是,该地区40岁到60岁人的死亡率是可知的、稳定的。在这种情况下,交易获利原则指的是个人通过交易(即集中),使得个人方差趋近于零,有可能获得大数法则展示的这种相对确定性。

二、社会保险的特征

社会保险的特征包括强制性参与、给付资格依赖于之前的缴费、风险发生时给付、无须家计审查等。[②]

(一)强制性参与

为确保形成一定规模的风险池(risk pool),社会保险一般是在政府的权力或者监督下,强制性要求符合条件的人口参加该项社会保险。

---

① 尼古拉斯·巴尔:《福利国家经济学》,第115—116页。
② Harvey S. Rosen, *Public Finance*, 7th ed., p.191.

(二)资格和给付水平部分依赖于劳动者(参保人)过去的缴费水平

社会保险,尤其是给付与收入关联的社会保险项目,其重要目的之一即是维持参保人收入水平的稳定,因此,资格和给付水平的认定会部分依赖于劳动者过去的缴费水平。缴费方式有利于风险的分散及风险发生时收入水平的适度维持,而一般预算方式不可能实现收入的按比例给付;同时,社会保险缴费使人觉得类似于存款,可以避开"耻辱烙印"(stigma)问题,还可以避免劳动者的税收抵抗。

(三)给付的支付依法始于可辨认的事件,如失业、疾病或退休

与公共救助的事后救济属性不同,社会保险是为防备某种风险的发生而需要提前缴费形成风险共担基金(或者说统筹基金),一旦风险发生,即可依法支付相应的给付。

(四)项目不需要家计审查——领取给付不需要证明金钱上的困窘

社会保险需要一定期限的缴费,其给付资格与给付水平取决于之前的缴费情况,因此,对于社会保险的参保人来说,给付是类似于一种依法获得的权利,不需要像公共救助项目一样需要家计审查才能获得给付资格。

三、社会保险与商业保险

在实际生活中,人们应对疾病、老龄等风险时可以选择加入社会保险,也可以选择加入商业保险,但是,需要指出的是,从社会宏观角度看,商业保险无法取代社会保险。下面将简单介绍社会保险和商业保险的异同点以及商业保险无法取代社会保险的原因。

（一）社会保险与商业保险的异同点

社会保险和商业保险同属于保险项目，其共同点在于两者均为：

(1) 基于分散风险的原理；

(2) 根据适用范围、给付、资源等基本原则的规定运行制度；

(3) 给付的资格条件及给付额度基于保险精算；

(4) 资源的筹集是基于参保人缴纳的保险费。

虽然社会保险与商业保险具有上述相同之处，但两者在风险责任、法律依据、管理体系等方面还有很大差别，详见表7-1。

表 7-1　社会保险和商业保险的比较

比较纬度	社会保险	商业保险
风险责任	国家	个人
法律根据	公法	私法
风险对象	社会风险（与人有关的风险）	以人和财产等为对象
保险关系的成立	强制加入原则（法律规定）	任意契约原则（自律原则）
管理体系	国家或公共法人（劳动部门、工党、工会）	民营企业（依据公司法成立的个人企业）
参保人负担标准	收入比例原则（定率制）	由风险大小和给付水平决定的收支相等原则（适用依据科学统计的彻底的个人收支相等原则）
给付标准	收支相等原则，但会考虑个人、家庭的社会状况（收入、人数、年龄、残疾程度等）	
给付的形态	现金及服务（医疗、物品、咨询）	现金支付原则
财务方式	积累式或现收现付式	完全积累式

资料来源：김태성·김진수（2013），『사회보장론(제4판)』，청목출판사。

（二）商业保险无法取代社会保险的原因

商业保险公司作为市场主体，若想有效率地配置资源，必须具备如下条件。①

（1）交易的财物不能是公共物品（public goods）或具有外部性。如果交易的财物是公共物品，则消费无法分割也无法排他，会产生搭便车问题。外部性，是一个与公共物品密切相关的概念，又称作溢出效应（spillover effect），指的是一个经济主体的行为对另一个经济主体的福利所产生的正的或负的效果，而这种效果并没有通过货币或市场交易反映出来。而社会政策提供的产品很多属于（准）公共物品并且具有正的外部性（比如一些传染病的疫苗，注射了疫苗的人不会把该病传染给周围的人，这些周围的人就在没有付费的情况下获得了好处，即享受了该产品的正的外部性），会导致市场没有激励去提供该物品，所以如果想充足地提供该物品，那么适当的干预形式一般就是公共生产，也就是由政府来提供。纯公共物品、准公共物品与私人物品之间的区别详见表7-2所示。

表7-2 公共物品与私人物品的区别

特点	纯公共物品	准公共物品	私人物品
1. 消费时可否分割	不可以	部分可以	可以
2. 购买时可否独享	不可以	基本不可以	可以
3. 购买方式	间接支付如税收	部分间接部分直接	自己直接支付
4. 分配原则	政治投票	政治投票与市场购买	市场价格
5. 个人有无选择自由	没有	几乎没有	有

---

① 尼古拉斯·巴尔：《福利国家经济学》，第84—86页；김태성,『사회복지정책입문』; Harvey S. Rosen, *Public Finance*, 7th ed., pp. 192-194。

续表

特点	纯公共物品	准公共物品	私人物品
6. 不购买可否享用	可以	部分可以	不可以
7. 是否可以鉴定好坏	不容易	不太容易	容易鉴定
8. 使用时的浪费情况	不容易浪费	浪费较多	较少浪费
示例	国防、警察	义务教育	理发、衣服、收音机

资料来源：余永定、张宇燕、郑秉文主编：《西方经济学》，经济科学出版社1997年版，第227页。

（2）交易的财物不能有信息问题与道德损伤问题。信息问题指的是信息不对称问题，即交易中的各方具有的信息水平不同，一方往往拥有另一方所无法拥有的信息。社会政策中的医疗服务领域即具有很强的信息不对称问题，医生比患者具有更多的关于疾病及其所需医疗服务的信息，而患者则不具备，如果没有第三方来介入的话，往往会造成过渡诊疗的问题。同时，信息不对称也会导致逆选择问题，如在医疗保险领域，逆选择指的是越容易生病的人越倾向于参加医疗保险的情况，逆选择的存在会导致商业保险公司提高保险缴费，提高保险缴费的结果是覆盖人数越来越少。道德损伤（moral hazard）是社会保险和商业保险都不得不应付的问题，指的是一旦人们参保后就会改变他们的行为，他们会不再那么谨慎地避免风险，不再那么仔细地控制成本。在某些环境下，政府的位置更有利于应对道德损伤，因为它有强制的权力或者使用法律工具控制保险机构和被保险人的行为。[①]

（3）风险发生时必须没有相互作用。如果风险的发生彼此独立，通过保险精算的办法，可以由商业保险提供保险服务，但是，有时候风险

---

① 埃里克·斯科凯尔特：《利他主义、效率和公平：福利国家的伦理挑战》（丁开勇译），载丁开杰、林义选编：《后福利国家》，上海三联书店2004年版，第47页。

的发生具有相互依存性，比如经济危机时期的失业，不是零星出现而是大规模发生，在这种情况下由市场运作来处理风险是没有效率的。

（4）交易的财物不能有递增的规模收益（increasing returns to scale）问题。在所有产量下均有递增的规模收益表明平均成本将大于边际成本，由此产生的长期损失将会使竞争性企业从行业退出，这种情况最终会导致垄断。在垄断不可避免的情况下，政府实施垄断可能比由私人企业实施垄断能够给社会带来更多的福利。

鉴于上述原因，通过商业保险运作有时候没有效率，同时，商业保险也无法应对因通货膨胀导致的保险基金贬值问题，而社会保险则可利用国家政策来解决这一难题，因此，商业保险无法（完全）取代社会保险。

四、中国社会保险概况

中国社会保险体系始自1951年颁布的《中华人民共和国劳动保险条例》，该条例对各类企业职工在疾病、伤残、死亡、生育以及年老退休后获得物质帮助的办法做出了明确规定。改革开放后，中国社会保险体系历经多次改革，于2010年颁布了《中华人民共和国社会保险法》（中华人民共和国主席令第35号）。目前中国的社会保险制度包括基本养老保险、基本医疗保险、失业保险、工伤保险和生育保险。

第二节　养老保险、保障政策

根据第二届国际老年学会的定义，老年人指的是老化过程中受生理的、心理的、环境的变化及行动的变化之间复杂的交互影响的人。基本上每个人都会面临因年老带来的功能弱化问题，因此，对一个社会而言，年老成为需要社会政策来应对的社会风险，而社会保险是其中最重要的应对方式。

一、社会养老保障政策的类型

目前国际上社会养老保障政策主要有公共救助型、社会津贴型、社会保险型以及强制储蓄型四种保障方式。

公共救助型养老保障政策的目标群体是低收入阶层的老年人，给付所需的资金来自政府财政预算，这种养老保障类型的代表性国家是澳大利亚，国家通过一般财税收入为需要家计审查的老龄年金融资。①

社会津贴型养老保障是以全体国民中的所有老年人为对象，代表性国家有新西兰、加拿大等。新西兰提供在居住资格审查（residency test）基础上的均一费率的公共年金，自 20 岁起 10 年（包括 50 岁以后的 5 年）居住在新西兰的居民有资格在 65 岁时领取公共年金。② 加拿大提供一个普惠型、均一费率的年金给付，这一基础老龄保障（the basic old age security，OAS）需要居住资格审查，至少居住 10 年才有资格接受任何给付，具体从 18 岁开始计算，每年获得最大年金额度的四十分之一，最多计算 40 年。③

社会保险型养老保障是现今国际上最为普遍的类型，据美国保障厅 1995 年调查，80% 以上的被调查国家实施社会养老保险。德国、韩国的年金制度最为典型。德国法定公共年金体系是与收入关联的现收现付制，年金的计算是以年金点数为基础。韩国的年金制度与收入关联但计

---

① Pensions at a Glance 2011: Retirement-income Systems in OECD and G20 Countries, OECD Publishing, 2011, http://dx.doi.org/10.1787/pension_glance-2011-en, p. 193.
② Ibid., p. 276.
③ Ibid., p. 205.

算公式具有累进性,其给付以个人收入和所有被保险人的平均收入为基础,需缴费满 10 年及以上。①

强制储蓄型养老保障政策是准社会养老保障政策,可分为国家管理的退休准备金制度和非国家管理的强制加入型个人年金制度,主要在新加坡和南美洲国家实行,其中,智利于 1981 年实施的民营化社会保障体系最为有名。智利体系包括三个主要构成要素:一是每一个被该体系覆盖的工人必须将其月收入的 10% 交给一个由国家认证的金融服务公司;二是一旦退休,给付可以分一系列阶段领取或领取一笔年金(annuity);三是满足一定年限以上的该体系的参保人可获得国家通过一般税收出资的有保证的最低年金。该体系认为,股票市场上的回报率会高于社会保障状态下的回报率,使得老年人能享有高水平给付而不会给当期劳动力施加税负压力。②

二、社会养老保障体系

社会养老保障体系指的是一种类型以上的养老保障政策/制度依据一定的原理组织起来形成的系统。下面将简单介绍社会养老保障体系的类型、社会养老保障与民间养老保障的关系以及社会养老保障的覆盖情况。

(一)社会养老保障体系的类型

社会养老保障体系主要有一元体系和多元体系。一元体系指的是一种类型的养老保障制度涵盖全体公民,如德国就是用收入关联社会养老保险方式涵盖全体公民。多元体系指的是两种类型及以上的养老保障制

---

① *Pensions at a Glance* 2011: *Retirement-income Systems in OECD and G20 Countries*, p. 263.
② Harvey S. Rosen, *Public Finance*, 7th ed., pp. 207-208.

度相结合涵盖全体公民。澳大利亚的年金体系由需要家计审查的老龄年金、强制雇主缴费的私人年金储蓄（a compulsory employer contribution to private superannuation savings）和自愿年金缴费及其他私人储蓄组成。① 荷兰年金体系有两层，包括均一费率的公共计划和与收入关联的职业年金计划（虽然雇主没有法定义务提供年金计划，但产业关系协定意味着91%的雇员被覆盖）。② 瑞典年金体系由四个部分组成，即与收入关联的名义账户、强制性缴费确定型个人储蓄年金、家计审查年金以及职业年金。③ 英国年金体系有三层，其中公共年金包括均一费率的基础年金和与收入关联的附加年金，另外，大约35%的雇员通过协议退出离开国家第二层年金而进入职业年金计划。④ 美国的年金体系包括以累进给付公式计算的至少缴费10年才有资格领取的公共年金，以及针对低收入老年人的需要家计审查的年金。⑤

（二）社会养老保障与民间养老保障的关系

民间养老保障指的是由民间主导并管理的自我养老保障，主要指的是职业年金和个人为老年准备的储蓄。由政府主导的社会养老保障与由民间主导的养老保障两者之间多为相互辅助的关系，有的国家社会养老保障占主导而民间养老保障补充，有的国家民间养老保障占主导而社会养老保障仅提供最低水平的养老给付。职业年金往往被视为养老保障的第三支柱，比如英国政府通过社会保险缴费折扣的方式鼓励人们从国家体制中协议退出参加职业年金计划。职业年金计划有两种类型：确定给

---

① *Pensions at a Glance* 2011: *Retirement-income Systems in OECD and G20 Countries*, p. 193.
② Ibid., p. 272.
③ Ibid., P. 304.
④ 此外，对于最贫困的年金领取者的额外支出有与收入相关的给付——年金返还（pension credit）。Ibid., pp. 317-318.
⑤ Ibid., P. 322.

付计划（defined benefit plan）和确定缴费计划（defined contribution plan）。前者指的是支付给养老金领取者的给付在领取者缴费期间已经事前确定好，后者指的是缴费确定而给付不确定的情况。现在大多数国家多采用确定缴费养老计划，两者的内容见表7-3所示。

表7-3 职业养老金计划的主要类型

类型	内容
确定给付计划	以雇员的工资为基准，发放相应数额的养老金。主要有两种类型：（1）最后工资计划——基于雇员缴纳养老金的年限、养老金积累速率和最终收入；（2）平均工资计划——以雇员每年薪水的一定百分比为基准。
确定缴费计划	养老金的提供，以雇员缴纳的养老金缴费以及雇主缴纳的养老金缴费的投资回报为基础。在退休时，雇主会提供一笔一次性的退休金，这笔退休金是雇员历年累计所赚总额的固定比例的金额。

资料来源：爱德华·布伦斯顿、玛格丽特·梅：《职业福利》，载马丁·鲍威尔编：《理解福利混合经济》（钟晓慧译），北京大学出版社2011年版，第195页。表格内容略有调整。

（三）社会养老保障覆盖情况

根据国际劳工局《世界社会保障报告（2010—2011）》，全球接近40%的劳动年龄人口按照法律要求应该为缴费型的养老金制度所覆盖，但不同地区差异巨大，如北美和欧洲的法定覆盖水平是全球平均水平的两倍，而非洲制度覆盖的劳动年龄人口则不足全球平均水平的1/3。除发达国家之外，全球养老保障制度只覆盖了正规部门的雇员，即主要覆盖政府部门和大型企业，并且实际覆盖显著低于制度覆盖。在大多数OECD成员国家，养老金领取人占超过退休年龄人口的比重接近100%，甚至更高，因为在养老金领取人中还有很多低于60岁的人，但在 OECD 成员之外的大多数国家，只有很小一部分老年人能从正式的社会保障制度中领取养老金，如非洲只有不到 10% 的老年人有资格领取。

三、社会养老保障的相关用语

（一）无缴费养老金和缴费养老金

无缴费养老金指的是社会救助型和社会津贴型养老保障政策按规定给予老年人的养老给付。缴费养老金指的是社会保险型和强制储蓄型养老保障政策按规定给予老年人的养老给付。

（二）定额养老金和收入比例养老金

定额养老金指的是养老金额度跟领取者过去的收入无关，向其支付一定的额度。收入比例养老金指的是养老金的给付额度与领取者退休前一定期间的平均收入或者生平劳动期间的平均收入的某个比例关联。

（三）养老金替代率和老人赡养比

养老金替代率指的是养老金的给付额度与退休前工资收入之间的比率，或者是以某年度新退休人员的平均养老金额度除以同一年度在职职工的平均工资额度来获得。养老金替代率的高低与之前的缴费情况和养老金类型有关，表 7-4 及表 7-5 列出了部分国家的养老金缴费率及替代率情况。

表 7-4 部分国家 2009 年的养老保险缴费率（以毛收入为基准%）

国家	缴费率	国家	缴费率
加拿大	9.9	瑞典	18.9
丹麦	仅有私人年金缴费	新西兰	无缴费

续表

国家	缴费率	国家	缴费率
德国	19.9	荷兰	17.9
美国	12.4	韩国	9.0
英国	没有区分年金缴费	日本	15.4

OECD34 国平均：19.6

资料来源：*Pensions at a Glance* 2011：*Retirement-income Systems in OECD and G20 Countries*，OECD Publishing，2011，http：//dx. doi. org/10. 1787/pension_ glance-2011-en，p. 153。

表7-5 部分国家2011年养老金的净替代率（以中位收入为基准%）

国家	替代率	国家	替代率
加拿大	61.5	瑞典	53.3
丹麦	94.5	新西兰	49.6
德国	58.4	荷兰	103.3
美国	53.4	韩国	51.8
英国	48.0	日本	41.4

OECD34 国平均：72.0

资料来源：*Pensions at a Glance* 2011：*Retirement-income Systems in OECD and G20 Countries*，OECD Publishing，2011，http：//dx. doi. org/10. 1787/pension_ glance-2011-en，p. 125。

老人赡养比指的是非劳动年龄人口中老年人口数与劳动年龄人口数之比，用以表明每100个劳动年龄人口要负担多少个老年人，是从经济角度反映人口老龄化社会后果的指标之一，也称为老龄人口抚养系数。

（四）养老金浮动制度

养老金浮动制度是为了解决因通货膨胀等因素导致的养老金实际货币价值的下降而采取的调整机制。养老金浮动的依据一般包括消费者物价指数、生计费用指数以及工资指数等反映人们生活水平的指标,养老金会根据上述指标中的某一指数的变动来自动调节其养老金额度。除了上述自动调节机制外,有些国家(如中国)会采取出台政策的方式来调节养老金的增长额度。

四、社会养老保险基金的筹资方式及其可持续性问题

社会养老保险基金的筹资方式主要有税收方式和缴费方式两种,税收方式指的是国家通过征收税金或专项社会保障税来形成基金及支付给付,如美国通过征收工薪社会保险税对当期符合规定的老年人及残疾人支付养老金。缴费方式指的是当期劳动者及其雇主需要交纳收入的某一限额的一定比例的社会保险费(此外有时还包括政府补贴金)进而形成基金,如中国的城镇职工社会养老保险基金主要来自劳动者和用人单位双方的缴费。与之相应,形成两种社会养老保险基金筹集运作模式:现收现付式(pay-as-you-go financing)和积累式(full-reserve financing)。[1]

(一)现收现付式

现收现付式指的是采取当期收支相等原则,从现在劳动者那里通过征收社会保障税或社会保险费的方式用于支付当期老年人的老龄风险所需的支出,是一种纯粹的转移支付。具体来说指的是现在缴费的参保人缴纳的保费被用来支付现在老人的养老金,参保人本人年老后的保障由下一代人来负担的方法,是一种代际间的转移支付,暗含着代际间契约

---

[1] 德国养老保险最开始的时候采取的是完全积累式,但当原有养老保险制度下的资本存量在"大萧条"和第二次世界大战时期被严重侵蚀之后,德国在1957年实施了从积累式向现收现付式的部分转型,随着基金积累部分在1969年消耗殆尽,德国的养老保险体系进入了完全的现收现付式时期。于洪编:《外国养老保障制度》,上海财经大学出版社2005年版,第21页。

的意思。现收现付式筹集模式不会形成长期积累带来的巨大基金,因此,通货膨胀不会是大问题。另外,如果该社会的老人赡养比低,现在参保人的负担则相对较小。但是,该筹资方式难以应对人口老龄化这类人口结构的变化,会给政府财政带来压力。

(二)积累式

积累式指的是参保人那代人缴纳的保险费形成的基金以及基金的利息收入全部用于该代人的老龄风险给付的筹集方式。积累式通过强制缴纳社会保险费会形成巨大的基金,如果基金能维持保值增值,则能应对人口结构的变化,但其弱点在于基金常常面临通货膨胀的风险,财政、投资关联的风险。以中国曾实施过的老农保[①]为例,积累式的老农保的一个致命缺点是因存款利率下降及通货膨胀导致的基金贬值问题。这一问题同样也困扰着新农保,比如 2010 年 10 月全国通货膨胀率达到 4.4%,但该年一年期银行存款利率只有 2.75%[②],这导致按政策规定存入国有商业银行财政专户并按一年期银行利率计算的农保基金很难解决基金保值增值的问题。

(三)社会养老保险基金可持续性问题

由于全球性的人口老龄化,社会保险基金的可持续性成为问题,许多国家均采取长时段预测的方式来监控其安全性。本部分将以日本为例来简单介绍社会保险基金可持续性监测方式及其弥补措施。

日本社会保障所需费用约两成来自中央国库,约一成来自地方政

---

① 在农村社会养老保险政策领域有两次政策试点:第一次是 1991 年由民政部开展的农村社会养老保险,被称为"老农保";第二次是 2009 年由人力资源和社会保障部推行的新型农村社会养老保险,被称为"新农保"。

② 汪泽英、何平等:《建立覆盖城乡居民社会保障体系》,中国劳动社会保障出版社 2010 年版,第 13 页。

府，约六成来自保险费，剩下的约一成来自资产收益。① 为了确保年金支付，日本基础年金的二分之一由国家财政永久负担（由原来的36.5%上升为50%，相当于消费税率的1%）。② 但是，日本长期经济低迷，加之高龄化、少子化等因素，社会保障开支压力增大，日本政府主要采取两方面措施来稳定社会保障的收支均衡。一是实行确保年金可持续的财政监测，二是进行了社会保障与税的一体化改革。

1. 确保年金可持续的财政监测方式：财政再计算和财政检证

为了预测年金制度将来的收支情况，日本提出了两种监测方式：财政再计算和财政检证。③

（1）财政再计算。财政再计算指的是每五年一次根据人口结构的变化，产业结构、雇佣结构的变化，工资、物价、利息的变动等社会经济状况的变化等诸多要素，在现有给付水平不变的情况下，重新进行被保险人数、年金领取人数、年金给付费等的预测。财政再计算主要考虑将来需要缴纳多少的保险费（率），有时不仅仅重新考虑负担费率，还会重新考虑给付以及给付与负担费率之间的关系。日本进行了一系列关于推测社会保障费用未来趋势的研究，这些研究多强调税率提升对社会保障基金的充实作用以及国家财政对基金的补贴作用。

（2）财政检证。财政检证与财政再计算完全不同，日本的保险费率已经于2005年由法律固定下来。因此，财政检证的主要目的之一是根

---

① 周燕飞：《日本的社会保障制度简介》。
② 厚生劳动省『国民年金制度の基礎年金の財源を安定化』，http://119.90.25.20/www.mhlw.go.jp/file/06-Seisakujouhou-12600000-Seisakutoukatsukan/nenkin01.pdf，访问日期：2016年5月16日。
③ 厚生労働省年金局数理課編集『平成21年財政検証結果レポート-「国民年金及び厚生年金に係る財政の現況及び見通し」-』詳細版（二〇一〇），http://119.90.25.38/www.mhlw.go.jp/nenkinkenshou/report/pdf/all.pdf，访问日期：2016年3月31日。

据近期的社会、经济状况的收支预测,就自动调整给付水准的宏观经济滑动机制决定调整给付水平的终结年度或者制定其预测,即在现今保险费水平固定以后自动调整给付并维持收支均衡的状况下,预测将来的给付水平如何调整。如果预测在维持一定的给付费水平的情况下能够实现收支均衡,则财政检证可以做出"公共年金制度的结构在现时点运行良好"的判断。但是,如果五年后收入替代率下降到50%以下的话,则认为运行不好,需要采取其他措施。表7-6列出了财政检证所需的基础指标。

表7-6 日本财政检证所需的基础指标

将来推定人口
日本的将来推定人口(平成18年12月、国立社会保障·人口问题研究所)
劳动力生产率的预测
根据《劳动力供需推定》(平成20年3月、独立行政法人劳动政策研究·研修机构)中的《劳动市场参与推进 case》制定
经济前提
根据社会保障审议会年金部会经济前提专门委员会研讨结果的报告制定 ①工资上升率 ②物价上升率 ③利息
基础数(被保险人·年金领取人的初期数据)
根据国民年金及厚生年金最近的实际状况制定(主要项目) ①按年龄、按期间划分的被保险人数 ②按年龄、按期间划分的平均被保险人期间 ③按年龄、按期间划分的标准报酬额度 ④按年金的种类、按年龄划分的领取人数 ⑤按年金的种类、按年龄划分的年金额度 ⑥厚生年金、国民年金的积累额度

续表

关于被保险人及领取人的动向的基础率
用于推定被保险人数、年金领取人数今后如何变化的假定条件；利用国民年金及厚生年金的最近的实际状况及各种统计等资料来制定（主要项目）
①被保险人总退出力
②被保险人死亡退出力
③残疾年金发生力
④标准报酬指数（上升指数）
⑤老龄年金权利丧失率
⑥残疾年金权利丧失率
⑦遗属年金权利丧失率
⑧遗属年金发生比率（被保险人死亡时有妻子及子女等的比率）
⑨年龄关系（死亡的被保险人的年龄及遗属的年龄关系）

资料来源：厚生労働省年金局数理課编集『平成21年財政檢証結果レポート-「国民年金及び厚生年金に係る財政の現況及び見通し」-』詳細版（二〇一〇），http://119.90.25.38/www.mhlw.go.jp/nenkinkenshou/report/pdf/all.pdf，访问日期：2016年3月31日。

2. 社会保障财政压力之对策：社会保障与税的一体化改革

为解决社会保障财政压力，日本提出了社会保障与税的一体化改革。① 社会保障与税的一体化改革指的是通过提高消费税率得到的增加额度全部充作社会保障的财源，如此来确保其财源稳定，同时实现社会保障的充实及稳定化并减轻未来代人的负担。为此，日本成立了以内阁总理大臣（首相）为部长，国务大臣为副部长，内阁官房长官（相当于副首相）、总务大臣（内阁成员即部长）、财务大臣以及厚生劳动大臣为部员的社会保障制度改革推进本部。②

---

① 日本财务省「社会保障と税の一体改革」，http://www.mof.go.jp/comprehensive_reform/index.htm，访问日期：2016年3月31日。
② 日本厚生劳动省『持続可能な社会保障制度の確立を図るための改革の推進に関する法律』（平成25年12月5日成立），http://119.90.25.22/www.mhlw.go.jp/seisakunitsuite/bunya/hokabunya/shakaihoshou/dl/251226_01.pdf，访问日期：2016年5月16日。

（1）改革的必要性。第一，伴随着少子高龄化进程，年金、医疗、介护（即长期护理保险）等方面的社会保障费用每年急剧增加，现在占到日本国家、地方财政的大头；第二，因为经济的成熟化导致日本不可能再指望像过去那样的经济高速增长，税收对于年度支出而言大幅不足，现在日本年度收入的约四成是借款（国债）；第三，日本社会保障相关费用急剧增加，但是社会保险缴费却基本维持稳定，因此需要税金和借款冲抵的给付费用部分每年都会增加。日本的借款在国际上也处于最坏水平，国家也好地方政府也好，都担负着前所未有的巨额借款，而借款会给未来代带来负担，如果放任不管，会导致社会保障制度的不稳定。

（2）选择消费税的原因。消费税不会轻易被经济状况和人口构成的变化所左右，故其税源稳定；同时，负担不会集中在工作代这样的特定人口身上，对经济活动具有中立影响并具有高的财源筹措能力。日本消费税从 2014 年 4 月开始提高到 8%（消费税 6.3%、地方消费税 1.7%），2015 年 10 月提高到 10%（消费税 7.8%、地方消费税 2.2%）。增加的税金主要用于年金、医疗、照料和子女养育四类领域。

五、中国社会养老保障体系

中国社会养老保障体系的建设是一个逐渐发展和完善的过程。下面将简单介绍中国养老保障体系的历史变革、社会养老保险制度及企业年金制度。

（一）中国养老保障体系的历史变革

中华人民共和国成立后至改革开放前，在城镇地区，中国社会保障事业是以 1951 年政务院颁布的《中华人民共和国劳动保险条例》为依据，以工会系统为组织依托，实施企业职工、国家机关工作人员退休、退职制度，公费、劳保医疗等社会政策；在农村，养老主要依靠家庭内部的代际赡养；国家对于特殊困难家庭制定和实施了社会救济、社会优抚、"五保户"制度。改革开放后，在城镇地区，1993年颁布的《中共中央关于建立社会主义市场经济体制若干问题的决定》对社会保障体制做出了三项原则规定：一是要建立多层次的社会保障体系；二是城镇职工养老和医疗保险金由单位和个人共同负担，实行社会统筹和个人账户相结合的制度模式；三是社会保障行政管理和社会保障基金经营要分开。① 据统计，2011年中国约有7亿人纳入了现行的养老保障制度，13亿人口中60岁以上的老年人有1.85亿，但其中近27%的老年人没有养老金。② 目前中国社会养老保障体系主要包括社会救助部分、社会保险部分、特定人群养老保障部分、职业年金与商业保险部分，详细构成如图7-1所示。

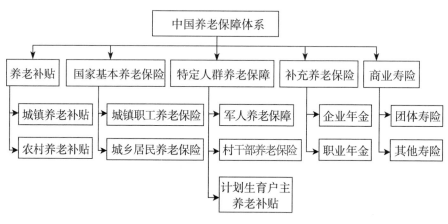

图7-1 中国养老保障体系

---

① 田小宝等：《中国社会保障》，第9—10页。
② 汪泽英：《提高法定退休年龄政策研究》，中国经济出版社2013年版，第159页。

（二）中国社会养老保险制度

中国社会养老保险制度包括城镇职工基本养老保险以及城乡居民基本养老保险，其中，城乡居民基本养老保险是由农村居民社会养老保险和城镇居民社会养老保险根据 2014 年 2 月颁布的《国务院关于建立统一的城乡居民基本养老保险制度的意见》（国发〔2014〕8 号）合并而来。

根据 2010 年颁布的《中华人民共和国社会保险法》（主席令第 35 号），城镇职工基本养老保险政策的内容包括：职工应当参加基本养老保险，由用人单位和职工共同缴纳基本养老保险费；无雇工的个体工商户、未在用人单位参加基本养老保险的非全日制从业人员以及其他灵活就业人员可以参加基本养老保险，由个人缴纳基本养老保险费；公务员和参照公务员办法管理的工作人员的养老保险办法由国务院规定；基本养老保险由社会统筹账户和个人账户组成，养老保险基金由用人单位和个人缴费以及政府补贴等组成；参加基本养老保险的个人，达到法定退休年龄时累计缴费满十五年的，按月领取基本养老金。

（三）中国企业年金制度

2003 年国家颁布了《企业年金试行办法》（劳动和社会保障部令第 20 号）并于 2004 年开始实施。企业年金指的是企业及其职工在依法参加基本养老保险的基础上自愿建立的补充养老保险制度，所需费用由企业和职工个人共同缴纳，企业缴费每年不超过本企业上年度职工工资总额的十二分之一，但企业和职工个人缴费合计一般不超过本企业上年度职工工资总额的六分之一；企业年金基金实行完全积累，采用个人账户方式进行管理，应当选择具有资格的商业银行或专业托管机构作为托管人，负责托管企业年金基金。

第三节 老龄长期护理政策

随着人口结构的老龄化及少子化程度加剧、核心家庭取代大家庭、进入劳动力市场的女性人数增加，单纯依靠传统的由家庭提供养老服务已不能解决社会产生的养老服务需要了。除此之外，还基于公平性的考虑以及遏制医疗开支的需要，使得面向老年人的长期护理制度成为必需。

一、老龄化问题

一般来说，如果一个国家或地区 60 岁及以上老年人口的比例在 10% 以上或 65 岁及以上老年人口的比例在 7% 以上，就可以认为这个国家或地区进入了老龄社会。世界人口老龄化程度可见表 7-7。

表 7-7 2010 年和 2050 年的老年人口预测（65 岁及以上人群，%）

	65 岁及以上人群		65 岁及以上人群在总人口中的比例		65 岁及以上女性在 65 岁及以上人口中的比例	
	2010	2050	2010	2050	2010	2050
全球	100	100	8	16	56	55
发达地区	37	22	16	26	59	57
不发达地区	63	78	6	15	54	55
不发达地区（中国之外）	41	56	5	13	55	55
非洲	7	9	3	7	56	54
亚洲	54	62	7	18	54	55
中国	21	22	8	24	52	54
印度	12	16	5	14	53	54
欧洲	22	12	16	28	61	58

续表

	65岁及以上人群		65岁及以上人群在总人口中的比例		65岁及以上女性在65岁及以上人口中的比例	
	2010	2050	2010	2050	2010	2050
北美	8	10	7	19	56	57
大洋洲	9	6	13	21	57	56
	1	1	11	19	54	55

资料来源：国际劳工局：《世界社会保障报告（2010—2011）——危机期间和后危机时代的社会保障覆盖》（人力资源和社会保障部社会保障研究所组织翻译），中国劳动社会保障出版社2011年版，第66页。表格内容略有调整。

目前全球都处在老龄化进程之中，从经济的角度看，年老意味着劳动能力的弱化甚至丧失，还意味着需要更多的照料和服务，因此，人口结构老龄化不仅会给一国社会和经济带来很多压力，还需要国家采取直接或间接的措施提供老年人所需要的基本服务。其中，老龄长期护理政策是各国应对老龄化需要的主要制度安排。

二、老龄长期护理政策

OECD将"老龄长期护理"（Long-term Care for Elder）定义为"向处于依赖状态或者生活上有障碍的老人提供6个月以上的保健、医疗、疗养、福利等所有形态的保护服务以使其有履行日常生活的能力"①。国际上实施老龄长期护理②政策的国家有很多，采纳社会保险方式的国家有德国、日本、韩国等，税收方式的国家有英国、瑞典、丹麦、意大

---

① 김태성·김진수,『사회보장론』.

② 对于"Long-term Care for Elder"中"Care"的对应词汇，日语是"介护"，韩语是"疗养"，国内也有"照护"的译法。鉴于2016年6月发布的《人力资源和社会保障部办公厅关于开展长期护理保险制度试点的指导意见》使用了"护理"一词，本书除了在原语境中保留固有用法之外，在其他地方统一采用"护理"一词。

利、新西兰、挪威、西班牙等，实施民营老龄长期护理政策的代表性国家是美国。① 下面将简单介绍德国、日本和韩国的老龄长期护理政策。

(一) 德国长期照护保险制度

德国 1994 年颁布、1995 年开始实施的《全民长期照护社会保险法》，规定以社会团结为主要原则，向失能者提供资金给付或长期照护服务，其制度特点如表 7-8 所示。

表 7-8　德国长期照护保险制度的特点

目标人群	除了军人、政府官员和法官等的长期照护服务由国家负责外，所有参加医疗保险的社会成员必须参保长期照护保险。
筹资	保险资金由政府、雇主和雇员共同筹集，其中政府承担 1/3，剩下的由雇主和员工各承担一半，基金管理采取现收现付制。
资格评估	参保人经过日常活动（Activities of Daily Life）和工具性日常活动（Instrumental Activities of Daily Life）测评，有超过六个月且有长期照护需求的。
给付种类	服务程度分为四个不同等级，每个等级对应不同的服务次数和服务时间；居家照护（居家自行照护和居家专业照护）和机构照护。
管理运营体系	德国联邦劳工部作为长期照护保险的主要管理部门，负责对长期照护保险进行政策指导和运营管理；联邦政府和州政府负责提供并完善长期照护服务的基础设施以及对服务效率和服务质量进行有效监管，长期照护保险基金和商业保险公司负责长期照护保险的具体运营，主要包括保费收缴、评估审核、与服务供给方协商费用以及保险给付等方面。

资料来源：王凯：《德国长期照护保险制度概述及对我国的启示》，《科技经济市场》2015 年第 7 期。

(二) 日本介护保险制度

介护保险制度是日本除医疗保险、养老保险、就业保险、工伤保险

---

① 김태성·김진수，『사회보장론』．

之外的第五大社会保险项目。1994年厚生省成立"高龄者介护、自立支援系统研究会",该研究会于12月提出社会保险方式的介护保障制度,经老人保健福祉审议会审议后于1997年12月出台《介护保险法》并于2000年4月开始实施。该制度的主要特点如表7-9所示。

表7-9 日本介护保险制度的特点

	第1号被保险者	第2号被保险者
目标人群	65岁以上者	40岁以上、未满65岁的医疗保险参保人
受惠者	需要介护者(卧床不起、失智症等需要介护的情况); 需要支持者(日常生活中需要支持的状况)	限制在需要介护及支持的状态,如晚期癌症、关节炎等因老化引起的疾病(特定疾病)的情况
保险费	由市町村征收	由医疗保险机构同医疗保险费一起征收,作为缴纳金一起缴纳
征收方法	按收入段征收定额保费(减轻低收入者负担); 退休养老金给付年度额度在18万日元以上特别征收(从养老金中支付)	健保:标准报酬及标准给付×介护保险费率(由雇主负担); 国保:按收入比例、均等比例等分配(由国库负担)

资料来源:一圆光弥编著『社会保障概説(第三版)』(誠信書房、二〇一四)、一六五～一八二ページ。

(三)韩国老人长期疗养保险制度

韩国于2008年开始实施老人长期疗养保险制度,希望借助该制度能够综合地、系统地解决老人疗养服务及疗养费用问题。实施该制度的目的大体有两个:一是支援老人按其自己意思自立生活的能力及提高其生活的质量;二是强化家庭及居家养老支援体系,减轻家庭负担从而培养家庭为基础的孝道文化。该制度的主要特点如表7-10所示。

表 7-10　韩国老人长期疗养保险制度的特点

目标人群	65 岁以上的老人或未满 65 岁但身患老化及老人病的人。
筹资	同健康保险一样，费用来自保费、财政及本人负担额；国民最低生活保障制度等公共救助领取者则不需要缴纳保费及本人负担额，所需费用全部来自政府财政。
给付种类	居家给付、设施给付及特别现金给付。
管理运营体系	由国民健康保险公团负责，此外还有长期疗养委员会、等级判定委员会及长期疗养审查委员会运营。

资料来源：김태성・김진수（2013），『사회보장론(제4판)』，청목출판사。

2010 年我国约有 3300 万失能、半失能老人，占该年 60 岁以上人口的 18.58%。据预测，2020 年和 2050 年我国的失能老人将分别达到 6402 万人和 1.4 亿人，分别占该年老年人口的 25.81% 和 35.0%。① 因此，老龄长期护理政策也是我国现阶段需要考虑的紧急性政策。2016 年 6 月 27 日，人力资源和社会保障部发布《人力资源和社会保障部办公厅关于开展长期护理保险制度试点的指导意见》，推动在河北、吉林、黑龙江、上海、江苏、浙江、安徽、山东、湖北、广东、重庆、四川以及新疆等省、自治区、直辖市开展试点工作。

第四节　医疗保险、保障政策

自 1883 年德国制定世界上第一部《疾病保险法》以来，各国陆续出台医疗保险、保障制度，但因历史背景不同，各国医疗保险、保障制度的设计也不尽相同。本节将介绍目前国际上医疗保障政策的类型、医疗保障制度体系、医疗保障费用的支付方式以及中国的医疗保障制度四部分内容。

---

① 孟群：《中国老年人口失能流行趋势的分析与建议》，《中国卫生统计》2012 年第 1 期。

一、医疗保障政策的类型

一般来说，医疗保障政策包括五种类型：国民健康服务方式、社会保险方式、公共救助方式、强制储蓄方式及民营保险方式，其中民营保险方式严格来说不是社会保障制度。

（一）国民健康服务方式

国民健康服务方式的医疗保障指的是由国家向全体公民普遍提供医疗卫生服务来预防及解决疾病风险的方式，其筹资多来自国家预算拨款，管理运营方式也是采取国家管理方式，一般是由中央政府部门掌管全国统一的单一组织体系，因此，提供医疗服务的主体是公共部门，代表性国家有英国、瑞典、意大利等。这种方式的医疗保障多将医疗服务视为国家向公民提供的公共服务，因此，费用多由国家负担，个人自付部分很少，加上提供服务的组织属于公共科层体系，所以，该方式可能有官僚主义的弊端、医疗服务质量低下以及医疗过度消费的问题。

（二）社会保险方式

社会保险方式的医疗保障指的是利用保险精算的方式及技术来解决与疾病相关的社会风险，该方式多以全体公民为对象并强制加入，给付方法和种类由国家法律规定，资源筹措主要来自由雇员和雇主负担的保险缴费，有时国家会通过财政预算负担一部分所需费用。

社会保险方式的医疗保障体系主要有两种类型：整合方式和组合方式。整合方式指的是全体公民加入单一的医疗保障体系，即全体公民均由单一或者说一元医疗服务体系覆盖。整合方式的问题在于与分权原则相违背，同时巨大的管理运营体系会导致官僚主义等非效率问题。整合方式的代表性国家有 1997 年之后的韩国。① 组合方式指的是根据参保

---

① 1977 年至 1997 年韩国实行组合方式的医疗保险政策，1997 年后转型为整合方式。

人的特征（如职业、地区、身份等）分为几个不同的医疗保险项目，即这些不同的医疗保险项目分别覆盖不同的人群。组合方式的问题在于小的组合林立的情况，如果组合多，则每个组合覆盖的人数就会少，意味着某些组合由缴费形成的基金就比较脆弱，在收入再分配及风险分散方面的功能相应就弱。组合方式的代表性国家有德国、中国等。

（三）公共救助方式

公共救助方式的医疗保障指的是政府向一定收入水平以下的贫困阶层提供医疗救助服务，医疗收助的受惠者需要经过家计审查才能获得资格。

（四）强制储蓄方式

强制储蓄方式指的是国家依法强制要求雇主、雇员缴费建立以个人或家庭为单位的医疗储蓄账户以备患病之需，该方式是一种个人的纵向储蓄，不能在非家庭成员的社会成员之间实行互济，代表性国家是新加坡、马来西亚等。

（五）民营保险方式

民营保险方式指的是民众通过与民营保险组织签订合同加入医疗保险，民营保险既包括非营利保险组织（如美国"蓝盾""蓝十字"及健康维持组织等），也包括营利性保险公司，代表性国家是美国。

二、医疗保障制度体系

由不同类型的医疗保障政策构成一国的医疗保障制度体系。下面将简单介绍英国、德国、澳大利亚、新加坡及美国的医疗保障制度体系，具体内容见表7-11。

表 7-11 部分国家医疗保障制度体系的构成

国家	制度名称		保障对象	资金来源	保障方式
英国	国家健康服务		全体国民	税收和社会保险缴费	通过举办公立医院、雇佣医生、向私立医院购买部分项目，向全民提供几乎免费的服务
	公共医疗救助		老人、精神病患者、儿童	政府预算	提供家庭护理、上门保健服务以及优先服务
	私人医疗保险		自愿投保人	雇主或个人缴费	私立医院提供的一些在国家医疗保障制度下要长期候诊的项目
德国	法定医疗保险	地方基金	法律规定在一定收入标准以下的所有雇员及其家属、退休人员和无收入人员	雇主和雇员缴费	由法定保险基金会向医生和医院购买医疗服务，法定参保人基本免费获得法律规定的医疗服务项目
		公司基金			
		职业基金			
		农业基金			
		白领代理基金			
		蓝领代理基金			
		海员基金			
		旷工基金			
	特殊人群医疗福利计划	公务员医疗补助	公务员、警察、军人和战争受害者	政府预算	直接支付特殊人群的医疗费用
		警察和军人医疗保障			
		战争受害者医疗保障			
	法定护理保险		因伤病或者残障事故导致日常生活需要接受他人长期（6个月以上）照顾的人员	有收入人群的缴费	为疾病护理和生活照顾提供现金补偿或实物补偿
	私人医疗保险		高收入人群及其他自由投保人	雇主或个人	支付不参加法定医疗保险人群的医疗费用和法定保险不包括的项目

续表

国家	制度名称		保障对象	资金来源	保障方式
澳大利亚	全民医疗保健		全体居民	联邦和州政府	举办公立医疗机构和向私立医疗机构购买服务，向全民提供几乎免费的医疗服务
	药品保险计划				
	退伍军人保险		退伍军人及家属	联邦政府	
	私人医疗保险		自愿投保人	雇主或雇员	全民卫生保健制度不提供的服务
新加坡	健康储蓄计划		全体居民	雇主和雇员缴费	从个人账户中支付医疗费用
	健保双全计划		自愿缴费者	个人缴费	支付超过一定额度的医疗费用
	保健基金		穷人	政府	为穷人支付医疗费用
	私人医疗保险		自愿投保人	个人缴费	提供补充性医疗服务
美国	老年人医疗照顾制度		65岁以上老人	联邦财政	向医院和医生购买规定项目内的服务，提供给符合条件的人
	穷人医疗救济制度		低收入并有未成年人的家庭、部分老年人、残疾人	联邦和州财政	向医院和医生购买规定项目内的服务，提供给符合条件的人
	医疗健康福利计划	联邦雇员医疗保障项目	联邦公务员及其家属	政府预算	政府购买私人医疗保险服务
		军人医疗保障项目	军人、退伍军人及家属		免费提供医疗服务
		荣军医疗保障项目	退伍军人和残疾退役人员		荣军机构直接提供免费医疗服务
		土著人医疗项目	土著人		免费提供医疗服务
	民间医疗保险	营利性保险公司	65岁以下的人群及退休人员	雇主和雇员	通过办医院、向医院和医生购买服务、雇佣医生等形式向被保险人提供医疗服务，或者直接向被保险人支付费用
		非营利性保险公司			
		管理式健康组织			

资料来源：乌日图：《医疗保障制度国际比较》，化学工业出版社 2003 年版，第 53—57 页，表格内容有所调整。

三、医疗保障费用的支付方式

医疗保障费用支付指的是社会医疗保障机构作为付款人，使用由被保险者（及其单位）事前缴纳的保险费形成的基金收入，代替被保险者（患者）支付、补偿医疗机构向其提供医疗服务时所消耗的资源。下面将介绍有关医疗保障的第三方支付以及医疗保障费用结算办法。

（一）第三方支付

社会养老保障只涉及费用的征缴、管理和支付的机构一方以及养老金领取者一方，与此不同，医疗保障除了征缴费用、管理基金的社会医疗保障机构和医疗服务受惠者之外，还涉及一个经济部门——医疗卫生机构。参保患者在接受医疗卫生机构提供的医疗服务并按规定支付个人自付部分后，其他所需费用均由社会医疗保障机构与医疗卫生机构结算，这被称为第三方支付。① 医疗保障的三方关系可见图 7-2。

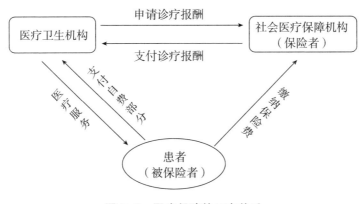

图 7-2　医疗保障的三方关系

---

① 中国人力资源和社会保障部 2011 年发布了《关于进一步推进医疗保险付费方式改革的意见》，将医疗保险结算中心作为第三方代表患者向定点医院支付费用。

社会医疗保障采用第三方支付方式的主要原因在于医患双方信息的不对称，患者无法了解医疗卫生机构提供的医疗服务的详细信息，容易产生医疗服务过渡提供带来的医疗费用飙升及道德损伤等问题。医疗费用的快速增长是很多国家头痛的问题，表7-12列出了世界各国的医疗成本。

表 7-12　2000 年世界各国的医疗成本比较

	世界卫生组织排名	每人每年的医疗成本（$）	占国内生产总值的百分比
法国	1	3300	10.5
日本	10	2580	7.8
英国	18	2570	8.1
德国	25	3380	10.6
美国	37	6770	15.4
墨西哥	61	690	6.5
伊朗	93	570	6.6
印度	112	190	5.0
俄罗斯	130	732	6.0
尼日利亚	187	69	4.6

资料来源：转引自迈克尔·罗斯金：《国家的常识：政权·地理·文化》，第161页。

（二）医疗保障费用结算办法

一般来说，社会医疗保障机构向医疗卫生机构支付费用的方式有诊疗行为数量制、向医护人员提供稳定收入的薪俸制、按区域居民数付费的人头制、向区域内医疗机构签订一定额度合同的总额预付制以及诊疗相关分组制等五种。

1. 诊疗行为数量制

诊疗行为数量制指的是按照医疗卫生机构提供的诊疗行为的具体数

量向其支付发生的费用。该方式会激发医生及医疗科研机构促进医疗技术进步的动机,但同时,因为诊疗行为成为支付报酬的对象,有过度提供诊疗的问题。

2. 薪俸制

薪俸制指的是在公共医疗卫生机构,医生等医疗服务从业人员作为(准)公务人员,领取国家财政拨款的薪资,这一薪资水平不与提供的医疗服务量直接关联。该支付方式对医务人员而言缺乏个人利润动机,有过少提供诊疗的问题。

3. 人头制

人头制(capitation system)又称"平均定额付费",指的是由医疗保障单位首先制定次均门诊/住院费用标准,然后根据医生或医疗卫生机构负责的患者数支付医疗费用,如将一定区域内的居民数乘以某一固定额度后得到的金额支付给医生或医疗卫生机构并由其负责该区域居民所需的医疗服务。该支付方式适用于比较简单的诊疗,即初级诊疗单位,如英国的家庭医生诊所。该方式可能会激发医生缩短诊疗时间的动机,但是同时具有使医疗人力资源分布均等化的优点。

4. 总额预付制

总额预付制指的是一定区域内的医疗保障单位和医疗卫生单位,以一定时期内医疗卫生单位服务提供量和医疗费用实际发生情况为基础,根据参保人数、就诊总人次数、次均门诊/住院费用等指标测算后签订合同,预拨年度费用,由医疗卫生单位根据规定的标准自由分配使用的方式。①

---

① 为控制医疗费用的过快增长,2012年人力资源和社会保障部、财政部、卫生部联合发布《关于开展基本医疗保险付费总额控制的意见》(人社发〔2012〕70号)。

5. 诊疗相关分组制

诊疗相关分组（Diagnosis Related Groups，DRG）是 20 世纪 70 年代美国学者研发的一种管理工具，以医疗资源消耗强度为分组轴心而形成的一种病例组合模型，该支付方式按照疾病诊疗相关分组支付费用，即先参考患者的年龄、疾病诊断、治疗过程、病情（并发症）等多个因素，将疾病分入若干诊疗组；然后，医疗卫生机构与医疗保障机构通过谈判合理确定各疾病诊疗组的付费标准，医疗保障机构按此协定的标准向医疗卫生机构支付费用。目前，多数发达国家以此为工具进行支付。[1]

四、中国的医疗保障制度

中华人民共和国成立后，医疗保障制度从设立到几经变革，目前形成了以基本医疗保险为主导，以医疗救助、补充医疗保险为辅助的医疗保障体系。下面将简单介绍中国医疗保障制度的历史变革和中国医疗保险制度。

（一）中国医疗保障制度的历史变革

中华人民共和国成立后到改革开放前，中国计划经济时期的医疗保障主要有针对国家工作人员（各级政府机关和事业单位、其他党派、人民团体的工作人员和退休人员，高等学校的大学生，以及退伍在乡的二等乙级以上的伤残军人）的公费医疗、针对国营企业以及县以上的大集体企业的劳保医疗以及针对农村居民的合作医疗。改革开放后经过 1994 年的"两江"（镇江、九江）试点后，城镇职工医疗保险采取统

---

[1] 2011 年，北京市人社局、市卫生局、市财政局、市发改委四部门联合发布了《关于开展按病种分组（DRGs）付费试点工作的通知》，北京大学第三医院等医院机构开始试点该支付方式。

账（社会统筹和个人账户）结合模式向全国推行，于1998年出台《国务院关于建立城镇职工基本医疗保险制度的决定》（国发〔1998〕44号），并于2007年推行针对城镇居民的医疗保险制度；在农村地区，国家于2003年推行有财政补贴的新型农村合作医疗制度。目前中国医疗保障体系的结构主要由医疗救助、基本医疗保险以及补充医疗保险组成，具体如图7-3所示。

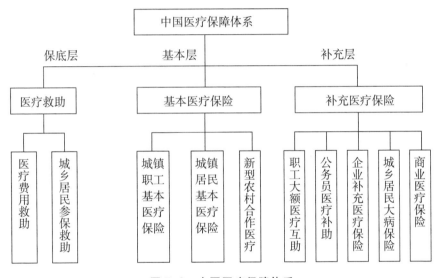

图7-3 中国医疗保障体系

（二）中国医疗保险制度

中国社会医疗保险制度主要由城镇职工基本医疗保险、城镇居民基本医疗保险和新型农村合作医疗三部分构成。部分省市（湖北省、河北省、内蒙古自治区等）于2016年试点将城镇居民基本医疗保险和新型农村合作医疗整合为城乡居民基本医疗保险一个制度。[1]

---

[1] 周程程：《多地出台整合城乡居民医保方案 个人缴费及待遇均提高》，《每日经济新闻》2016年6月20日，http://www.mrjjxw.com/shtml/mrjjxw/20160620/85574.shtml，访问日期：2016年6月20日。

根据 2010 年颁布的《中华人民共和国社会保险法》（主席令第 35 号），城镇职工基本医疗保险政策的内容包括：职工应当参加职工基本医疗保险，由用人单位和职工按照国家规定共同缴纳基本医疗保险费；无雇工的个体工商户、未在用人单位参加职工基本医疗保险的非全日制从业人员以及其他灵活就业人员可以参加职工基本医疗保险，由个人按照国家规定缴纳基本医疗保险费；参加职工基本医疗保险的个人，达到法定退休年龄时累计缴费达到国家规定年限的，退休后不再缴纳基本医疗保险费，按照国家规定享受基本医疗保险待遇，未达到国家规定年限的，可以缴费至国家规定年限；符合基本医疗保险药品目录、诊疗项目、医疗服务设施标准以及急诊、抢救的医疗费用，按照国家规定从基本医疗保险基金中支付；参保人员医疗费用中应当由基本医疗保险基金支付的部分，由社会保险经办机构与医疗机构、药品经营单位直接结算。

第五节　失业保险政策

失业不仅意味着个人生活的不安定，同时也是国家人力资本的损失，还会降低社会的购买力，从而进一步损害国民经济的良性运行，因此，失业保障政策成为保民安邦的必要措施。失业保障政策指的是劳工在失业后由政府或社会团体（如工会等）依据政府法律规定向失业者（有时包括其家人）支付失业保险金或失业救助金等的制度措施。本节将介绍失业问题与社会保障的关系、失业保险概况及相关概念、失业保险领取资格以及中国的失业保险政策。

一、失业问题与社会保障的关系

新古典经济学信任市场的自动调节机制,认为失业只会以"摩擦性失业"和"自愿性失业"的形式存在,但是1929年至1933年的经济大萧条使人们开始意识到第三种失业类型——"非自愿性失业"。"非自愿性失业"指的是一部分人虽然愿意接受现行工资水平但仍然找不到工作的情况。针对经济危机等"市场失灵",凯恩斯提出"有效需求理论"及"乘数效应"的概念,主张国家应通过管理需求尤其是投资需求来平滑经济运行,并认为投资可以引发投资,产生连锁反应,最终取得数倍于初始投资的社会有效需求,反之亦然,初始投资的缩减可以最终造成数倍于它的社会有效需求的缩减,因此主张国家逆经济波动方向采取扩张与紧缩的财政政策来平衡经济运行。在这一理论背景下,社会福利制度在国家的经济周期中发挥"稳定器"的作用:社会保障收入在经济萧条时期增加缓慢,但支出增加,这有利于社会需求的增长,有利于经济的早日复苏;反之,在经济繁荣时期,社会保障支出增加缓慢,而收入增加迅速,这可以适当降低社会有效需求。在凯恩斯《就业、利息与货币通论》的影响下,完全就业成了第二次世界大战后许多国家公开支持和追求的目标。

二、失业保险概况及相关概念

19世纪中期,欧洲的一部分工会或劳动组合形成小规模的失业共济基金,向失业成员提供失业给付,但给付水平较低。这种形式于19世纪末扩散到欧洲大部分地区,有时国家和企业对失业共济基金提供部分补助金。后来法国、英国、德国、美国的部分企业从工资总额或者纯利润中拿出一部分资金设立基金应对失业问题,但企业间差别较大,同时，政府也往往向其提供部分补助。1911年英国的失业保险计划作为《国民保险法》的第二部分获得议会通过，其筹资由劳工、雇主和政府三者负担。经过第一次世界大战、第二次世界大战，失业保险制度逐渐扩散。但是，与工伤、老龄和遗属、家庭补贴等保障计划相比，失业保险制度最晚建立，目前只有约10%的低收入国家、近一半的中等收入国家和将近80%的高收入国家建立了失业保险制度。①

下面将简单介绍与失业相关的"失业率""不充分就业"等概念。

（一）失业率

失业率的计算与经济活动人口有关，经济活动人口指的是在法定劳动年龄（各国规定的法定劳动年龄并不相同，我国的法定劳动年龄是16—60岁）内具备相应劳动能力，提供劳务以及具有提供劳务意愿的人。所谓有劳动能力，指的是具有从事正常社会劳动的行为能力。在法定劳动年龄内的人员，若不具备相应的劳动能力，如完全伤残不能从事任何劳动的人员则不属于经济活动人口。失业者指的是在调查期间具有工作意愿和能力，也积极参与求职，随时能工作却无工可做的人。失业率指的是失业人数占经济活动人口（就业人口加上失业人口）的比率，即

失业率＝失业人数÷经济活动人口×100%

＝失业人数÷（就业人数＋失业人数）×100%

（二）不充分就业

不充分就业指的是那些仅能找到比正常工时短的工作的人员——兼职工人、季节性工人、打零工的人或临时工等——的就业状态，有时也

---

① 国际劳工局：《世界社会保障报告（2010—2011）——危机期间和后危机时代的社会保障覆盖》，第37页。

可用来说明工人所受的教育或训练使其胜任目前的工作而绰有余力的状况。需要指出的是，充分就业并不意味着零失业率。

三、失业保险领取资格

20 世纪 70 年代以来，很多国家开始逐渐收紧失业保险金的发放，领取资格条件越来越严格，能够领取失业保险金的期限也被限定，并且失业保险金或救济金的领取越来越需要与工作关联。表 7-13 列出了部分国家失业保险的领取资格条件。

表 7-13 部分国家失业保险领取资格条件

国家	缴纳保险费用期限	就业时间	居住时间	失业情况
美国		申请津贴前一年多时间至少就业半年		能够且愿意重新就业
英国	最近两个纳税年度中的 1 年足额缴纳社会保险费，或者最近两个纳税年度中每年的社会保险缴费的收入基数不低于应税收入低限的 50 倍	每周工作不少于 16 小时		具有劳动能力并愿意从事全时工作
德国	失业者必须在失业前 3 年内缴纳了 1 年以上的失业保险费	每周必须有 18 小时以上的劳动记录		已在劳动局申报过失业，并正式提出申请失业保险金
瑞典	加入工会满 1 年（工会会员必须参加失业保险）	过去 12 个月中工作过 5 个月，每个月不少于 10 天		有劳动能力，已向地方职业介绍所登记，对所分配的"合适工作"不得拒绝

续表

国家	缴纳保险费用期限	就业时间	居住时间	失业情况
日本	一般被保险人失业前1年合计投保6个月以上			失业后须立即到职业介绍所登记
丹麦	最近12个月为基金会会员	最近3年（可增加到4年）内就业26周		已进行就业登记，能工作并愿意工作
澳大利亚			澳大利亚永久性居民	已经失业，有能力参加工作并正在寻找工作
阿根廷	失业前已缴纳12个月的失业保险费			已经参加失业登记并正在等待合适的工作机会
爱尔兰	缴纳保险费26周并在最近1年内缴纳和记账缴纳18周			有工作能力和就业意愿，并经职业介绍所登记

资料来源：穆怀中主编：《社会保障国际比较（第三版）》，中国劳动社会保障出版社2014年版，第233页。表格内容略有调整。

四、中国的失业保险政策

失业保险是指国家通过立法强制实行的，以保险的方式对因非本人自愿失业而失去工资收入的劳动者提供一定时期基本生活保障及促进其再就业的制度。相关的主要政策包括《失业保险条例》、《关于调整失业保险基金支出项目有关问题的通知》（劳社部发〔1999〕28号）、《劳动保障部、财政部关于适当扩大失业保险基金支出范围试点有关问题的通知》(劳社部发〔2006〕5号)等。

根据2010年颁布的《中华人民共和国社会保险法》(主席令第35号),失业保险的覆盖范围包括城镇企事业单位及职工(含农民合同制工人)、社会团体及其专职人员、民办非企业单位及其职工、有雇工的城镇个体工商户及其雇工。其资金来自用人单位、职工和国家三方筹资。失业人员符合下列条件的,从失业保险基金中领取失业保险金:(1)失业前用人单位和本人已经缴纳失业保险费满一年的;(2)非因本人意愿中断就业的;(3)已经进行失业登记,并有求职要求的。失业人员失业前用人单位和本人累计缴费满一年不足五年的,领取失业保险金的期限最长为十二个月;累计缴费满五年不足十年的,领取失业保险金的期限最长为十八个月;累计缴费十年以上的,领取失业保险金的期限最长为二十四个月。重新就业后,再次失业的,缴费时间重新计算,领取失业保险金的期限与前次失业应当领取而尚未领取的失业保险金的期限合并计算,最长不超过二十四个月。失业保险金的标准,由省、自治区、直辖市人民政府确定,不得低于城市居民最低生活保障标准。

第六节 工伤保险政策

工伤指的是职工在生产工作中因意外事故和职业病造成的伤残或死亡。随着工业化进程,由工作环境或工作本身带来的人身伤害等社会风险远远不同于农业社会人们面临的风险,因此,针对工伤事故或职业伤害采取介入政策成为工业社会的必需。本节将介绍工伤保险的形成和发展、工伤保障的类型、工伤保险政策以及中国的工伤保险制度。

一、工伤保险的形成和发展

生产系统的工业化、机械化必然会导致工伤事故的发生，但是在工业化早期，法制上的"劳动契约"（contract of labour）概念意味着工人若接纳工资则同时也接受了一切劳动风险，否则对于19世纪的政治理论家和司法人员来说，就会跟日益增长的以个别契约为基础的经济个体主义互不协调，也跟当时社会力图打破几个世纪以来的地位义务、动摇各种社会义务的网络趋势背道而驰。因此，从伦理的角度、法律的角度对工伤进行补偿并不容易，如果无法证实是雇主的过失导致的伤害就没办法要求赔偿，所以早期大部分工伤受害人得不到工伤赔偿和救济。[①]但是，随着工人运动和工伤频发，有些国家开始出现要求雇主对工伤负赔偿责任的立法（如德国1871年的《雇主赔偿责任法》），因为法定诉讼过程很复杂、时间消耗、各种纷争很多，使雇主也不胜其烦转而不再抵制工伤保障制度。在这种情况下，1884年德国制定了世界上第一部强制性社会保险方式的《工伤保险法》，英国于1897年出台了《劳工补偿法》（Workman's Compensation Act）。第一次世界大战期间，英国政府开始承认对负伤或捐躯的士兵和海员的妻儿有赡养责任，这摧毁了劳动契约的"自愿接受不能视为侵权"的观念。第二次世界大战后大部分国家实施了工伤保险。

二、工伤保障的类型

现阶段大多数国家都实施了某种类型的工伤保障制度，包括社会保险方式、强制商业保险方式以及上述两者的混合方式。其中，大部分国

[①] Richard M. Titmuss：《社会政策10讲》，第66—70页。

家采纳的是社会保险方式,如 1884 年德国俾斯麦政府出台的《工伤保险法》,工伤保险多由国家或准政府机构运行;强制商业保险由商业保险或准商业保险公司运作,国家通过对给付或缴费规定标准来监管其运营,美国、丹麦等国家采纳此种方式;也有些国家采取两者的混合方式,即规定企业可从社会工伤保险或商业保险中择其一参加。

三、工伤保险政策

工伤保险政策主要包括工伤保险的认定、适用对象、给付内容以及筹资方式等内容。

(一) 工伤保险的认定

一般来说,工伤保险的认定要求必须跟工作有关,即是在工作过程中发生的伤害,包括工作前、通勤中、工作间隙休息时间发生的伤害等;或者必须是因工作产生的伤害,这主要跟职业病有关。职业病的认定一般采取指定目录方式、一般定义方式或上述两者的混合方式。指定目录方式指的是用目录把职业病列出来,这种方式在认定既有职业病种时比较清晰,但难于处理新的职业病种。一般定义方式指的是对职业病进行一般性定义,具体疾病是否属于职业病可据此判断,该方式虽然具有范围广的优点,但是有举证困难的缺点。而混合方式指的是上述两种方式的折中使用,目前大多数国家采纳混合方式。

(二) 适用对象

原则上适用于所有受雇者,但农业从业人员和家务劳动人员经常被排除在外。

(三) 给付内容

给付内容包括现物、服务和现金给付。向工伤受害者提供医疗服务、康复服务,并对一时性或永久性残疾的工伤受害者提供收入保障层面的现金给付，此外，还包括对遗属的补偿，如丧葬费等。另外，工伤保险实行无责任赔偿原则，预防、补偿和康复相结合的原则，一次性补偿与长期补偿相结合的原则。

（四）筹资方式

工伤保险跟其他保险不同，一般是由雇主单独负担费用，而劳动者个人无需缴费；缴费标准采取行业差别费率与企业浮动费率相结合的原则。

四、中国的工伤保险制度

中华人民共和国成立后至今，出台了一系列有关工伤保障的规定，包括1950年颁布的《革命工作人员伤亡褒恤暂行条例》、1951年颁布的《中华人民共和国劳动保险条例》、1957年颁布的《职业病范围和职业病患者处理办法的规定》、1987年重新修订的《职业病范围和职业病患者处理办法的规定》、1996年颁布的《企业职工工伤保险试行办法》、2003年颁布的《工伤保险条例》、2010年12月修订的《工伤保险条例》等等。

根据2010年颁布的《中华人民共和国社会保险法》（主席令第35号），职工应当参加工伤保险，由用人单位缴纳工伤保险费，职工不缴纳工伤保险费；国家根据不同行业的工伤风险程度确定行业的差别费率，并根据使用工伤保险基金、工伤发生率等情况在每个行业内确定费率档次；社会保险经办机构根据用人单位使用工伤保险基金、工伤发生率和所属行业费率档次等情况，确定用人单位缴费费率；职工因工作原因受到事故伤害或者患职业病，且经工伤认定的，享受工伤保险待遇，其中，经劳动能力鉴定丧失劳动能力的，享受伤残待遇；工伤职工符合领取基本养老金条件的，停发伤残津贴，享受基本养老保险待遇；基本养老保险待遇低于伤残津贴的，从工伤保险基金中补足差额；申领工伤保险的流程包括工伤认定、劳动能力鉴定、工伤待遇给付三个步骤。中国工伤保险制度的构成如图7-4所示。

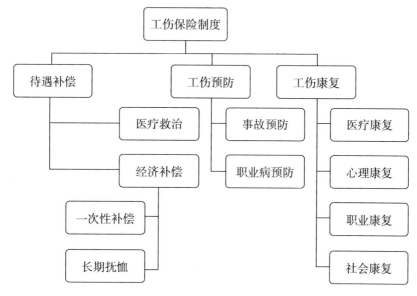

图7-4 中国工伤保险制度的构成

第七节 生育保险政策

生育保障不仅是对女性因生育子女而导致的劳动力暂时中断时给予的医疗服务和经济支援，还对社会劳动力的生产与再生产具有重要的保护意义。本节将简单介绍生育保障政策的概况以及中国的生育保险制度。

一、生育保障政策概况

国际上提供现金给付的社会保障计划中，生育保障的法定给付位居第三，仅次于工伤和退休养老金给付。大多数国家（占高收入国家的

90%，中等收入国家的 80% 以及低收入国家的 50% 之多）都有某种生育保障法律规定，不过，这些法律规定通常只适用于在正规经济部门就业的女性，因此在许多中低收入国家仅有少数人能享受到生育保障待遇。在近 180 个有数据可查的国家中存在生育保障计划类型，其中三分之二的国家是社会保险型，其他是雇主责任或社会救助类型；四分之一以上的国家的劳动法等法律规定产假期间的生育津贴由雇主直接支付。同时，《社会保障（最低标准）公约》（第 102 号）规定生育保障可以享有两种给付，即医疗保健和收入补偿，并且规定整个产假期间的现金津贴不得低于原收入的 45%（如果按收入确定社会保险待遇）或者典型低收入的 45%（如果实行定额补助）。[①]

二、中国生育保险制度

中国的生育保险政策始于 1951 年的《劳动保险条例》，90 年代后又陆续颁布《企业职工生育保险试行办法》（1994 年）、1995 年至 2000 年间的《中国妇女发展纲要》、《中华人民共和国人口与计划生育法》（2001 年）等有关文件。

根据 2010 年颁布的《中华人民共和国社会保险法》（主席令第 35 号），职工应当参加生育保险，由用人单位按照国家规定缴纳生育保险费，职工不缴纳生育保险费，用人单位已经缴纳生育保险费的，其职工享受生育保险待遇，职工未就业配偶按照国家规定享受生育医疗费用待遇，所需资金从生育保险基金中支付；生育保险待遇包括生育医疗费用和生育津贴，其中生育医疗费用包括生育的医疗费用，计划生育的医疗费用，法律、法规规定的其他项目费用，生育津贴则按照职工所在用人

[①] 国际劳工局：《世界社会保障报告（2010—2011）——危机期间和后危机时代的社会保障覆盖》，第 85 页。

单位上年度职工月平均工资计发，职工有下列情形之一的，可以按照国家规定享受生育津贴：女职工生育享受产假，享受计划生育手术休假，法律、法规规定的其他情形。

本章小结

本章介绍了社会保险的概况，并分别讨论了养老保险、保障政策，老龄长期护理政策，医疗保险、保障政策，失业保险政策，工伤保险政策和生育保险政策。

第一，与公共救助的事后救济不同，社会保险作为风险分散机制是一种事前预防的措施，是现代社会保障制度中比重最大的项目，其特征包括强制性参与、给付资格依赖于之前的缴费、风险发生时支付、无须家计审查，其理论基础是"大数法则"和"交易获利原则"。

第二，目前国际上社会养老保障政策主要有公共救助型、社会津贴型、社会保险型以及强制储蓄型四种。养老保险基金的筹集运作模式主要有积累式和现收现付式。

第三，医疗保障政策包括五种类型：国民健康服务方式、社会保险方式、公共救助方式、强制储蓄方式以及民营保险方式。医疗保障费用结算办法包括诊疗行为数量制、薪俸制、人头制、总额预付制以及诊疗相关分组制等。

第四，老龄长期护理政策是应对人口老龄化的措施。在市场经济体制下，失业保障政策以及针对工伤事故或职业伤害的工伤保障政策成为工业社会的必需。生育保障政策对劳动力的生产和再生产具有重要的保护意义。

第八章　教育和劳动力市场政策

本章将从社会福利的角度讨论教育政策和劳动力市场政策。教育自古以来就被视为摆脱愚昧、获得修养、开启民智、促进发展的重要途径，一国的教育状况始终深刻地影响着该国的政治、经济、文化状况，因此，教育政策的重要性不言而喻。同时，在市场经济体制下，劳动年龄人口中的大多数人在市场经济中依靠某种形式的就业为生，工作构成了人们生活的主要组成部分，在很大程度上决定着一个人的社会地位、心理感受以及其他诸如医疗、教育、养老等社会政策项目的获取。因此，工作环境、工作条件、工作报酬等构成的劳动力市场政策直接决定着人们福利水平的高低。可以说，教育政策和劳动力市场政策直接影响着人们的生活质量。

第一节　教育政策

教育政策是与人们获取知识和职业技能的过程有关的政府法规与程序。[①] 本节将简单讨论教育与劳动力、教育与阶层流动、教育与社会投资、教育凭单计划以及中国教育政策。

---

① E.R.克鲁斯克、B.M.杰克逊：《公共政策词典》（唐理斌等译），上海远东出版社1992年版，第97页。

一、教育与劳动力

教育可以通过民间如家庭来提供,但后来逐渐成为政府关心的公共事业。在英国,一个受过教育的人被认为是敬畏上帝、勤恳和尊重法律的。出于对贫困劳工的宗教和道德习惯的关心、对未受教育的大众中发生公共失序的恐惧、对教育的本质价值——博爱的信任、为了战胜国外工业技术竞争对受过教育的劳动力队伍的需求(尤其对于儿童来说,经济系统更需要的是他们接受教育而不是他们的劳动),再加上选举权对能够评估政治议题的选民更好地接受政治的既有控制的需要,使得英国政府于19世纪六七十年代开始重视对教育的干预,资助并监管私人教育的提供。① 因为民间不能提供所有孩子需要的校舍而需要国家去填补空缺,所以英国政府出台了一系列教育政策,如1870年的《教育法》开始在全国向至少10岁以下的孩子提供初等教育,1880年《教育法》要求强制实施并于1891年免费提供,1902年的《教育法》把国家教育的责任从学校委员会转移到郡和郡级市区议会,并向学校提供资金支持。

二、教育与阶层流动

(一)教育与跨阶层流动

人们普遍相信,一个人受教育水平越高,其收入就会越高,就越不会陷入贫困的泥沼中;同时,教育还被视为实现阶层流动的阶梯,底层的人可以通过教育这一阶梯流动到较高的社会层级。很多国家推动的教育资助政策/计划即是这一理念的产物。英国中央教育咨询委员会

---

① Pat Thane, *Foundations of the Welfare State*, pp. 40-41.

（Central Advisory Council for Education）于 1967 年发表了《儿童和他们的小学》（Children and Their Primary Schools，又称《普洛登报告》），指出处于贫穷和低劣的环境状态会直接而明确地影响到学校和学生的学业成绩。该报告提出了一个全国性的教育补偿规划，即"教育优先区"（education priority area）的设想。"教育优先区"规划根据"积极差别待遇"原则，采用国家干预方式，对于那些处于教育优先区的贫困与处境不利的儿童给予额外的教育资源支持，来打破因社会经济障碍而陷于贫困的儿童无法摆脱困境的恶性循环，以求学业成功的机会均等。美国联邦政府在 1965 年开始资助个别校区为小学和中学的贫困学生提供补偿性教育，以及向四五岁的贫困儿童提供学前教育，其中最有名的是"领先项目"（Head Start Program），目的是使他们在幼儿园阶段能够获得富裕家庭孩子能够取得的教育水平。①

虽然政府和社会认为教育是实现跨阶层流动的重要机制并采取了一系列积极的措施，但是，增加教育本身并不意味着体面工作岗位的增加，很可能只是增加了对体面工作岗位的竞争。希尔认为：

> 国家教育体系的扩大与民主社会的发展是相互交叉的。以前人们觉得新近得到解放的人应当有文化，这一思想得到了坚信教育是社会进步的关键选民的响应。这种观点由于政党极力强化教育而得到支持，特别是工党和自由党。从某种意义上讲，这也许是一种幻想。机会结构是由经济和政治制度共同决定的。增加教育的本身并不意味着"最好的工作"也会增加；它只是增加了对最好的工作机会的竞争。②

---

① Harvey S. Rosen, *Public Finance*, 7th ed., p. 184.
② 迈克尔·希尔:《理解社会政策》，第 259 页。

(二) 教育与阶层固化

在人们将教育视为阶层流动的阶梯的同时,有的学者却认为教育反而是阶层固化的重要机制。英国经济史学家托尼指出,差不多到19世纪末,英国的公共教育是作为一种阶级制度发展起来的,初等教育是贫民的教育,中等教育是富人的教育,初等和中等教育的划分不是建立在教育因素之上,而是建立在社会和经济因素之上;教育分化不是始于小学之后,而是之前,与儿童的前途无关而与家长的地位有关。[①] 法国社会学家布迪厄将阶级构成视为社会空间,不同阶级的人具有不同的惯习或者说内在的确定性,这种不同的惯习自然倾向于再生产该人在社会空间中的位置,而再生产策略的目的就在于维持间隔、距离、等级关系,并且在实践中(并非自觉地、有意识地)促进对构成社会秩序的差异体系进行再生产。如在1983—1985年的法国国家行政学院报考者当中,三分之二来自资产阶层,他们的平均通过率远高于中低阶层子弟,可以说,即使在推崇自由、民主、平等的西方发达国家,教育机构实际上也充当着再生产等级制的机制性作用。[②]

三、教育与社会投资

从增加个人收入、促进经济发展的角度,教育被视为能够增加人力资本的投资,而人力资本对经济发展的作用要大于物质资本。这一观点曾经是过去各国加大教育投资、推动教育发展的重要的政策依据。甚至在自由市场经济思潮占主导的社会,教育投资也是政府的一项势在必行

[①] 转引自瞿葆奎:《教育文集·英国教育改革》,人民教育出版社1993年版,第24页。
[②] 社会空间指的是位置的互为外在性。皮埃尔·布迪厄:《国家精英——名牌大学与群体精神》(杨亚平译),商务印书馆2005年版,第3—4页。

的任务。吉登斯认为教育是"可能性"（或机会）再分配的一个重要基础①，主张在知识更新如此迅速的当代社会，政府需要强调终生教育，来避免因为技能落伍导致的失业和贫困，同时强调虽然特殊技能的培训是必要的，但更为重要的是认知和情感能力的培养，使人成为积极公民，摆脱福利依赖。②

四、教育凭单计划

教育凭单计划是美国经济学家米尔顿·弗里德曼于1955年在《经济学和公共利益》一文中提出的。弗里德曼认为教育领域里的问题是：政府建立并管理了官办学校，职业教育家对学校的运作也发挥了越来越大的作用，而家长对自己孩子接受怎样的教育却越来越没有发言权，结果教育越来越走下坡路；同时，富人选择私立学校，相当于交两份钱（包括纳税钱和学费），穷人的孩子往往进入纪律差、秩序混乱的公立学校，经费大部分都花在维持纪律、防止破坏或补偿破坏所造成的损失上，这实际上加深了社会的分化，而且造成了极不平等的受教育机会。教育凭单计划具有给个人以更大的选择自由、（通过引起校际之间的竞争）克服官僚主义的明显优势。弗里德曼的教育凭单计划自1968年起，先是联邦经济机会办公室，而后是联邦教育委员会，相继鼓励和资助了对凭单计划的研究工作，并先后于1978年和1979年在密执安州和加利福尼亚州就教育凭单计划进行了投票表决，然而，由于美国国内的各种政治原因以及教师工会的强烈反对，直到20世纪90年代才开始在一些地方逐步推广。③

---

① 安东尼·吉登斯：《第三条道路：社会民主主义的复兴》，第113页。
② 同上书，第129页。
③ 米尔顿·弗里德曼：《学校的问题在哪里？》，载《弗里德曼文萃》。

五、中国教育政策

中国现代教育制度始自清末的"中体西用"思想原则，历经民国，发布了一系列关于推动建立现代学制、义务教育的政策。1949 年中华人民共和国成立后中国教育政策获得进一步发展，但与国际水平相比教育还有很大改进空间。根据联合国教科文组织《世界教育报告 2000》，1990 年时教育投入占比的世界平均水平为 4.7%，中国当时仅为 2.3%，到 2012 年中国财政性教育经费支出占国内生产总值比例首次达到 4%。① 本部分将简单介绍中华人民共和国成立后的教育法、义务教育、教育资助政策以及学习型社会。

（一）教育法

根据 1995 年《中华人民共和国教育法》规定，公民有受教育的权利和义务，公民不分民族、种族、性别、职业、财产状况、宗教信仰等，依法享有平等的受教育机会。教育被视为社会主义现代化建设的基础，必须为社会主义现代化建设服务，必须与生产劳动相结合，培养德、智、体等方面全面发展的社会主义事业的建设者和接班人；管理体制实行国务院和地方各级人民政府分级管理、分工负责的原则，中等及中等以下教育在国务院领导下，由地方人民政府管理，高等教育由国务院和省、自治区、直辖市人民政府管理，国务院教育行政部门主管全国教育工作，统筹规划、协调管理全国的教育事业，县级以上地方各级人民政府教育行政部门主管本行政区域内的教育工作；教育经费是以财政拨款为主、其他多种渠道筹措为辅的体制；国家实行学前教育、初等教

---

① 《中国教育经费支出比例首次"达标"》，新华网，2013 年 3 月 5 日，http://news.xinhuanet.com/2013lh/2013-03/05/c_114898916.htm，访问日期：2016 年 6 月 12 日。

育、中等教育、高等教育的学校教育制度，以及职业教育制度和成人教育制度，同时实行九年制义务教育制度；国务院或者由国务院授权教育行政部门负责规定学制系统内的学校和其他教育机构的设置、教育形式、修业年限、招生对象、培养目标等。

(二) 义务教育

义务教育对于国民素质、国家发展意义深远。本部分会简单介绍九年制义务教育、义务教育资助政策以及义务教育领域里的"撤点并校"政策。

1. 九年制义务教育

1986年第六届全国人民代表大会第四次会议通过的《中华人民共和国义务教育法》规定，国家实行九年制义务教育，要求省、自治区、直辖市根据本地区经济、文化发展状况，确定推行义务教育的步骤。这是中华人民共和国成立以来最重要的一项教育法案，标志着中国已确立了义务教育制度，1998年国务院批转教育部的《面向21世纪教育振兴行动计划》中提出到2000年全国基本普及九年义务教育。

2. 义务教育资助政策

自2001年起，国家开始对农村义务教育阶段贫困家庭学生就学实施"两免一补"资助政策，主要内容是对农村义务教育阶段贫困家庭学生"免杂费、免书本费、逐步补助寄宿生生活费"，其中中央财政负责提供免费教科书，地方财政负责免杂费和补助寄宿生生活费，努力做到不让学生因家庭经济困难而失学。两免一补政策的资助范围逐渐扩大，由农村扩展到城市，从2008年秋季起在城市实行全面免除义务教育阶段学杂费，对家庭困难学生提供免费教科书，同时对家庭困难的寄宿生补助生活费政策。

另外，除了针对义务教育阶段的资助政策外，国家还对中等职业教育、高等职业教育、普通高等教育等领域进行资助。

3. "撤点并校"

"撤点并校"是对农村义务教育学校布局的调整措施，是撤消教学点，将几个学校合并为一个中心校的举措。2001年《国务院关于基础教育改革与发展的决定》提出"因地制宜调整农村义务教育学校布局。按照小学就近入学、初中相对集中、优化教育资源配置的原则，合理规划和调整学校布局。农村小学和教学点要在方便学生就近入学的前提下适当合并，在交通不便的地区仍需保留必要的教学点，防止因布局调整造成学生辍学。学校布局调整要与危房改造、规范学制、城镇化发展、移民搬迁等统筹规划。调整后的校舍等资产要保证用于发展教育事业。在有需要又有条件的地方，可举办寄宿制学校"。

撤点并校政策的背景是计划生育政策导致的农村义务教育适龄人口减少，出现了大量规模小、生源少、条件差、质量低的基础教育学校，撤点并校会整合、优化教育资源。但是，该政策也有一些不良后果，比如使得小学生上学路途变远，给家庭经济带来压力、家庭生活带来不便等等。

（三）学习型社会

根据《国家中长期教育改革和发展规划纲要（2010—2020年）》规定的教育战略目标，到2020年基本实现教育现代化，基本形成学习型社会，进入人力资源强国行列。教育事业发展的主要目标可详见表8-1所示。

表 8-1　教育事业发展主要目标

指标	2009 年	2015 年	2020 年
学前教育			
幼儿在园人数（万人）	2658	3400	4000
学前一年毛入园率（%）	74.0	85.0	95.0
学前两年毛入园率（%）	65.0	70.0	80.0
学前三年毛入园率（%）	50.9	60.0	70.0
九年义务教育			
在校生（万人）	15772	16100	16500
巩固率（%）	90.8	93.0	95.0
高中阶段教育*			
在校生（万人）	4624	4500	4700
毛入学率（%）	79.2	87.0	90.0
职业教育			
中等职业教育在校生（万人）	2179	2250	2350
高等职业教育在校生（万人）	1280	1390	1480
高等教育**			
在学总规模（万人）	2979	3350	3550
在校生（万人）	2826	3080	3300
研究生在校生（万人）	140	170	200
毛入学率（%）	24.2	36.0	40.0
继续教育			
从业人员继续教育（万人次）	16600	29000	35000

注：*含中等职业教育学生数；**含高等职业教育学生数。
资料来源：http://www.moe.gov.cn/srcsite/A01/s7048/201007/t20100729_171904.html，访问日期：2015 年 12 月 5 日。

第二节　劳动力市场政策

当经济危机、经济结构调整或技术革新等情况发生时，会带来大量非自愿性失业，从而影响到人们的生活质量甚至使之陷入贫困之中，尤其是经济危机导致的大规模失业严重时会演变为社会危机。所以,国家除了通过失业保险、公共救助等制度来维持人们失业期间的收入外,还需要通过劳动力市场政策来维护就业的稳定。本节将介绍劳动力市场政策、积极的劳动力市场政策以及中华人民共和国成立后中国劳动力市场政策的变迁。

一、劳动力市场政策

对于市场经济体制中的人而言,就业直接意味着劳动者作为生产要素直接参与到市场体系的运转之中,是该体系存在和正常运转的前提条件。因此,比起养老和医疗保障政策,劳动力市场政策(labor market policy)是工业社会更为根本的社会政策,经历了从早期的劳工保护到作为收入保障的失业保险再到就业保障及积极的劳动力市场政策的转变。

(一)劳工保护的实施

日本学者小川喜一将1802年英国的《工厂法》视为世界上最早的社会政策,作为该立法条例,《学徒的健康和品行相关法令》(Health and Morals of Apprentice Act)规定:学徒的工作时间不允许超过12小时,学徒应接受读写算数等教育且每年应该得到一整套衣服,工厂应该每年用石灰刷白两次,男女学徒需分床而睡,学徒至少一月一次可以去教会等。[①]《工厂法》是国家从国民经济的角度控制同时又保护劳动者的产物。自《工厂法》诞生后,政府对劳动力市场的规制成为社会政策最主要的任务之一。[②] 除此之外,对劳工的保护还体现在最低工资制

---

① 小川喜一編『社会政策の歴史』、一~三ページ。
② 武川正吾:《福利国家的社会学:全球化、个体化与社会政策》,第2页。

度等规制性政策的实施上，1894年新西兰实施最低工资制度，后该制度扩散到澳大利亚、英国本土和欧美等地，1927年实施最低工资制度的国家达到18个，1928年国际劳工组织第十一次大会通过了《关于创设最低工资决定机构的条约》。①

（二）劳工的组织化

英国在工业化初期曾禁止劳动者之间非功能性质的结社，但在进入19世纪80年代后，与功能性质的结社不同，英国劳工组织运动开始体现出政治性和战斗性。与功能性质的结社相比，其特点不仅表现在开放性方面——招收的会员扩展到非熟练工，还表现在共济功能方面——与功能性结社提供丧葬津贴不同，现在的劳工结社会向会员提供罢工津贴。英国于1906年制定了《劳动争议处理法》，该法免除了工人罢工的民事责任以及承认工人进行和平纠察的权利。② 在德国，社会责任来自于权威的、阶级的、家长制的国家观，《1845年的营业条例》禁止以罢工为目的的结社，反对劳工的团结权，后于1869年该项条款被删除，但仍然反对以强制、威胁、污名、联合抵制等为手段强制其他人罢工的行为。③

（三）劳资谈判体系

到19世纪末，为解决劳动力的"卖方"和"买方"两者结合的问题，政府干预被视为必需。1908年英国颁布了《劳动力交易法》，1909年后劳动力市场应运而生。④ 其中，统合主义（corporatism）是西方典型的劳资谈判形式。自20世纪50年代以来，作为一种协调工资谈判的

---

① 小川喜一编『社会政策の歴史』，七八ページ。
② 同上、四九~五四ページ。
③ 同上、一八三~一八四ページ。
④ 迈克尔·希尔：《理解社会政策》，第266—267页。

机制，甚至作为一种商议更为广泛的政治选择的机制，统合主义认为不能让市场机制完全决定劳动力的价格和供求，而是应由政府、劳工和雇主三方合作，共同决定劳动力的供求和工资水平、劳动条件及其他相关事宜。需要注意的是，各个国家统合主义的谈判层次有所不同，有的国家集中于国家层面或产业、部门层面，而有的国家则分散于企业或工厂层面。"在整个欧洲，五个工人中有四个所获得的工资反映了集体谈判过程的结果。"① 统合主义也被认为是福利国家转型之后的出路。②

二、积极的劳动力市场政策

积极的劳动力市场政策（Active Labor Market Policy，ALMP）不同于失业保险等保障政策，是一种积极的主动干预，指的是政府对劳动力市场的直接干预，即通过采取工作安置、工作培训和工作岗位创造③等劳动力需求方面项目，资助雇主维持雇佣等劳动力供给方面项目以及国家制定规制性项目或计划来减少失业或将失业者重新融入劳动力市场的干预政策。

（一）从失业保险到积极的劳动力市场政策

20世纪70年代发生的石油危机、经济危机及高失业率状况成为失业保险变革的契机，很多国家开始提倡从福利向工作福利（from welfare to workfare）转型，将失业保险基金与劳动力市场项目关联，并增加对福利领取资格的限制。例如，日本于1947年制定了《失业保险法》，

---

① 转引自保罗·皮尔逊编：《福利制度的新政治学》，第647页。
② Ramesh Mishra, *The Welfare State in Crisis: Social Thought and Social Change*, pp. 101-102.
③ 托马斯·雅诺斯基：《劳动力市场中的直接国家干预：1950—1988年社会民主主义、保守主义和自由主义政治体制中积极劳动力市场政策之阐释》，载托马斯·雅诺斯基、亚历山大·M.希克斯等：《福利国家的比较政治经济学》（姜辉、于海青、沈根犬译），重庆出版社2003年版，第58—98页。

失业保险除了保障失业期间的收入外,逐渐将预防失业(如就职促进、教育训练等)和扩大雇佣机会涵盖进来,并于1974年改定为《雇佣保险法》。①

需要注意的是,积极的劳动力市场政策也并不是一剂万能良药,从宏观角度看,从制造业向服务业就业转移的后工业化时期,多数西方国家面临"服务经济的三难问题":增加就业、工资平等和预算约束这三个目标之间的冲突。作为政策目标,三者不能同时实现,往往只能三选二,即如果想确保增加就业和工资平等,则只能放松预算约束,如北欧国家的政策选择;如果想增加就业和实现预算约束,则只能放弃工资平等这一目标,如美国的政策选择;如果想保证工资平等和实现预算约束,则只能放弃增加就业的目标,如德国、法国的政策选择。②

(二)积极的劳动力市场政策措施

积极的劳动力市场政策的具体措施主要包括技能培训、岗位创造、工作安置服务、支援雇主维持雇佣项目以及其他规制计划等。③

1. 技能培训

技能培训指的是公共机构或委托企业等机构通过开发失业人员再就业项目,向因技能短缺而未能找到工作岗位的人传授新的技能。失业给付往往与职业训练关联,通过技能培育使失业人员重新就业或者促使失业人员成为小型自营业者。在这种背景下,为加强对青年的职业培训,英国教育部和就业部于1995年合并。④

---

① 川村匡由・島津淳・木下武徳・小嶋章吾『社会保障(第三版)』(久美株式会社、二〇一四)、一九〇ページ。
② 保罗・皮尔逊:《成熟的福利制度受到的后工业化压力》,载保罗・皮尔逊编:《福利制度的新政治学》,第128-130页。
③ 김태성・손병돈(2002),『빈곤과 사회복지정책』,청목출판사.
④ 迈克尔・希尔:《理解社会政策》,第281页。

2. 岗位创造

岗位创造指的是政府直接创造工作岗位，直接向失业者提供工作岗位来代替失业给付。为解决失业问题，政府会创造多种多样的就业项目，如小时工和临时工岗位，或者会直接提供公共部门工作岗位。

3. 工作安置服务

工作安置服务指的通过提供就业信息等中介服务，将合适的人与合适的工作相匹配。

4. 支援雇主维持雇佣项目

通过向雇主或者劳动贫困阶层支付一定比例或一定额度的收入替代，鼓励雇主维持对贫困阶层的雇佣。

5. 其他规制性计划

规制性计划包括国家制定最低工资制度以及针对社会弱势人群（残疾人、女性、老人等）的就业促进规则，如出台残疾人雇佣比例的法律等等。

（三）非正规就业

实施积极的劳动力政策并不一定意味着肯定会产生良好的就业效果，其结果如何往往取决于能否与该国的比较制度优势（comparative institutional advantages）相匹配[1]，实际上各国的实施效果差别极大。同时，积极的劳动力市场政策将就业放在首位，明显与劳动力的"去商品化"概念相悖。此外，积极的劳动力市场政策往往意味着灵活就业或者说非正规就业，如非全职工作、临时性工作或者自营业，而这些岗

---

[1] 斯图尔德·伍德：《劳动力市场体制受到威胁了吗？德国、英国和瑞典的持续性源泉》，载保罗·皮尔逊编：《福利制度的新政治学》，第530—592页。

位往往收入水平偏低并且缺乏保障。实际情况的确如此,即劳动力市场的正规程度决定了社会保障所能覆盖的人数,并决定了能够通过缴费和税收为转移支付融资做出贡献的人数。在世界总人口中,估计只有20%的人享受了综合性的社会保障,而20%—60%的全球人口享受的仅仅是最基本的社会保障。①

(四)劳动力市场的性别差距

世界经济论坛2015年《全球性别差距报告》(World Economic Forum's Global Gender Gap Report for 2015)显示:女性目前的薪酬水平仅相当于十年前男性的收入,世界各国在健康、教育、经济机会和政治四方面的总体性别差距在过去十年间仅缩小了4%,经济差距仅缩小了3%,特别是在"同工同酬"和"劳动力参与"两项上的差距,自2009年以来一直没有改善。②

三、中华人民共和国成立后中国劳动力市场政策的变迁

(一)改革开放前以统包统配的终身制为主要特点

中华人民共和国成立后至1979年,中国是典型的计划经济为主时期,无论在政治、经济还是社会领域,都具有很强的集中计划的特征。在政治意识形态方面强调阶级成分划分,在经济上要求"全国一盘棋"、企业预算约束软化,在社会就业上是"统包统配"的固定工制度,并将失业看作是资本主义的特有产物。这三个层面的制度彼此协调、相互加强,成为一个整体,故这一时期往往又被称为"整体性社

---

① 国际劳工局:《世界社会保障报告(2010—2011)——危机期间和后危机时代的社会保障覆盖》,第38页。
② 《全球性别差距报告》,世界经济论坛,2015年11月18日,http://culture.ifeng.com/a/20151124/46364921_0.shtml,访问日期:2015年12月5日。

会"。该时期国家在劳动力就业理念方面的特点是亚诺什·科尔内总结的社会主义经济道德四要素（原则），即按劳取酬原则、团结一致原则、安全原则、整体利益原则。① 按劳取酬是著名的社会主义分配原则，包括了"同工同酬"。团结一致的原则指的是社会主义消除了驱逐弱者的资本主义竞争的残酷性，弱者不能因为他们的柔弱而受惩罚，相反，他们必须得到帮助而站起来。安全的原则与团结一致原则密切相关，包括一劳永逸的充分就业、遇到麻烦时能得到团体的帮助；整体利益先于局部利益，子孙后代的长远利益先于当前一代的眼前利益。

尽管三个层面的制度相互洽和，但在就业领域也没有办法吸纳所有的劳动力。为了维持统包统配的固定工制，政府于1958年出台《户口登记条例》，阻止农村劳动力流向城镇地区，并为分流城市地区剩余劳动力，采取了号召知识青年"上山下乡"政策。② 据统计，1979年城市地区的待业人数总计达到567万多人。③

（二）改革开放后逐渐形成劳动力市场

改革开放后，国家开始提出要用经济合同逐步替代指令性计划并要求建立现代企业制度，就业制度也随之发生了变化。1986年国务院发布改革劳动制度的四项规定，决定国有企业新招工人一律实行劳动合同制，后又经过"三结合"就业④、招工用工双轨制⑤、优化劳

---

① 亚诺什·科尔内:《矛盾与困境——关于社会主义经济和社会的研究》（沈利生、钟学义、龚飞鸿、刘树成译），中国经济出版社1987年版，第103—106页。
② 李静、柯卉兵:《毛泽东计划经济时代的社会保障思想及其实践》,《中共杭州市委党校学报》2012年第4期。
③ 胡鞍钢、程永宏:《中国就业制度演变》,《经济研究参考》2003年第51期。
④ 1980年8月中共中央和国务院召开全国劳动就业会议，提出"三结合"就业方针，即在国家统筹规划和指导下，实行劳动部门介绍就业、自愿组织起来就业和自谋职业相结合。
⑤ 劳动用工双轨制指的是在已录用人员中实行过去的固定工制，在新招工人员中试行劳动合同制。

动组合①、全面实行劳动合同制到建立劳动力市场制度,"统包统配"的固定工制度逐渐被打破,劳动力也经历了一个"有限期放假、停工、待工""早退、内退""下岗分流"到"失业"的过程。这一阶段最重要的两个文件,一是1993年11月十四届三中全会通过的《中共中央关于建立社会主义市场经济体制若干问题的决定》,正式提出"改革劳动制度,逐步形成劳动力市场"的目标,二是1994年7月颁布的《劳动法》,要求全面实行劳动合同,并允许濒临破产和生产经营发生严重困难的用人单位按照法定程序裁减人员。据统计,从1997年至2000年三年间被剥离的国企职工总数高达2300万,这意味着总共有超过全国劳动力总数3%或全部城镇职工约10%的劳动者失去了工作岗位。② 国家对这部分分化出来的劳动力群体提供了过渡性措施即"两个确保"和"三条保障线"的最小安全网。③ 之所以是过渡性临时措施,是因为其中针对下岗职工领取"下岗职工基本生活"最多只有三年的期限,之后就会终止与原单位的劳动合同关系,成为失业人员。劳动部于1998年和2000年开展的两期"三年千万"再就业培训计划是消化过渡时期产生的下岗人员并将之推向劳动力市场的典型项目,国家通过上述规定及再就业培训项目促使下岗生活保障向失业保障制度并轨。

在劳资协商方面,虽然早在20世纪90年代即有"集体谈判""集体协商""集体合同"相关条款出现,但是,因为工会组织体制的特点

---

① 新招工人实行劳动合同制后,原有的固定工制度依然存在,这就形成了两种用工制度,为了实现两种用工制度的并轨,以搞活固定工制度为目的实行优化劳动组合。

② 赖德胜、孟大虎、李长安、田永坡:《中国就业政策评价:1998—2008》,《北京师范大学学报(社会科学版)》2011年第3期。

③ "两个确保"指的是确保下岗职工基本生活、确保企业离退休人员养老金按时足额发放;"三条保障线"指的是国有企业下岗职工基本生活保障制度、失业保险制度和城市居民最低生活保障制度。

决定了目前协商谈判的层次主要是以企业为主，而企业工会的代表性和相对于行政部门的独立性不足，导致集体谈判制度并没有发挥实际影响。中国集体谈判制度和集体协商可以说流于形式，实际作用不显著。①

本章小结

本章从社会福利的角度讨论了教育政策、劳动力市场政策以及中国劳动力市场政策的变迁。

第一，教育被认为能增进国民素质和人力资本，这一观点是各国加大教育投资、推动教育发展的重要的政策依据。同时，教育被视为实现阶层流动的阶梯。教育凭单计划是新自由主义思潮影响下教育改革的政策措施。在知识更新加速的当代社会，终生教育可能是避免因技能落伍而导致失业和贫困的重要举措。

第二，比起养老和医疗保障政策，劳动力市场政策被视为工业社会更为根本的社会政策，其发展经历了从早期的劳工保护政策到作为收入保障的失业保障政策再到就业保障及积极的劳动力市场政策的转变。积极的劳动力市场政策包括技能培训、岗位创造、工作安置服务、支援雇主维持雇佣项目、其他规制性计划等。

第三，改革开放前中国劳动力市场政策以统包统配的终身制为主要特点，改革开放后逐渐形成市场经济体制下的劳动力市场。

---

① 程延园：《集体谈判制度在我国面临的问题及其解决》，《中国人民大学学报》2004年第2期；郑桥：《中国劳动关系变迁30年之集体协商和集体合同制度》，《劳动关系》2009年第2期。

第九章　社会政策的未来

从国家对贫民偶然性的救济到《济贫法》的出现，再到社会保险、社会服务及社会津贴等制度性福利体系的发展，社会政策一直随着经济体制、社会趋势的转型而发生着缓慢但实质性的变迁。就多数国家而言，目前社会政策主要由三个相互连锁的因素所驱动：经济不稳定和全球化、政治正统观念的全球性转变以及影响深远的社会与人口变迁。① 在这样一个变动时期，社会政策的未来会怎样呢？本章将讨论全球化与社会政策理念、全球化时代的社会政策。

第一节　全球化与社会政策理念

全球化是人类追求现代化带来的后果，它试图抹平区域间的差异，但同时又往往激起因本土抵抗导致的分化。在社会政策领域，全球化因对传统上国家权威的负面影响进而被确定为对国家福利制度的重大威胁。② 高夫也认为，对于发达国家而言，影响福利制度的内外压力主要是后工业化和全球化。③ 本节将从后工业主义、风险社会以及后国家主

---

① 哈特利·迪安：《社会政策学十讲》，第 130 页。
② 保罗·皮尔逊：《简介：世纪之末探福利》，第 9 页。
③ 高夫：《全球化与区域福利体制：东亚案例》（李航译），载丁开杰、林义选编：《后福利国家》，上海三联书店 2004 年版，第 146 页。

义、生活政治与新社会运动的角度，简单讨论全球化对传统社会政策理念的冲击。

一、后工业主义

后工业主义是与以大量生产、大量消费的制造业为代表的工业主义对举的概念，通常指的是世界经济和生产领域的一种趋势，可以做如下描述[①]：

（1）制造业不再是工作岗位的主要提供者，而服务行业的岗位数量在不断增长。

（2）与此相伴随的是组织和工作结构也开始发生根本性的变革。在工业化早期，大部分岗位来源于制造业。人们一般是在企业或工厂中工作并接受等级化的管理，每个工人都有固定的角色和工作模式。但是到了后福特时代，以传统技术和科层组织为基础的等级制度逐渐消失，组织开始变得扁平化和去中心化，兼职工作不断增加，人们不断地从一个工作岗位转到另一个工作岗位，同时发展出更具弹性的职业技术。

（3）以上两个趋势使以工业社会为基础的阶级和性别界限被打破。但新的界限也同时产生：那些掌握了后工业时代技术以及依靠知识谋生的人将得到更大的空间，而其他人则只能做临时性和兼职性工作。

（4）后工业社会也日益受到全球化的影响。随着信息和生产形式的革命性变革，产品和服务在全球范围内生产和消费。在新的世界秩序下，民族国家不再能完全控制自己的经济界限，全球市场的竞争压力将迫使很多国家减少福利支出和降低劳动力成本，结果是很多民族国家会发现自己很难独立管理本国的经济，也很难掌控本国的社会政策。

---

① 肯·布莱克默：《社会政策导论》，第195页。

上述这些变化都反映出传统的贝弗里奇式的福利国家已经不适应社会需要。

二、风险社会

英语的"风险"这个词可能来源于一个西班牙航海术语，意思是"遇到危险"或者是"触礁"，这个概念的诞生意味着未能预料到的后果可能恰恰是人们自己的行动和决定造成的，而不是大自然所表现出来的神意，也不是不可言喻的上帝的意图，该概念在很大程度上取代了人们对于"命"或"命运"的想法，并且与宇宙决定论相分离。① 乌尔里希·贝克认为，风险社会产生的基础是工业的过度生产，生产力的指数式增长使得危险和潜在威胁的释放产生了不明的和无法预料的后果。风险的界定是超越或者说独立于因果关系的，准确地说进入了一种系统逻辑，任何人都是原因也是结果，同时，风险的绵延跨越地域和代际，处于高度不确定状态中，可以说，"在风险的界定中，科学对理性的垄断被打破了"②。风险社会与工业社会或者说阶级社会属于不同的思考和行动的历史模式，如果说工业社会是财富分配逻辑，则风险社会是风险分配逻辑，适用于工业社会的标准的计算基础——事故、保险和医疗保障的概念等——并不适合这些现代威胁（如原子能事故、大气污染等）的基本维度，这意味着科学和法律制度建立起来的风险计算方法崩溃了。③ 吉登斯认为，在风险社会里，特权阶层与底层或普通民众在重新分配风险的过程中有着共同的利益，而这使得社会政策成为社会整

---

① 安东尼·吉登斯：《现代性的后果》（田禾译），译林出版社2011年版，第27页。
② 乌尔里希·贝克：《风险社会》（何博闻译），译林出版社2004年版，第28页。
③ 同上书，第15—35页。

合的基础条件,① 因为"贫困是等级制的,化学烟雾是民主的"②。

具体到社会政策领域,出现了"新社会风险"(new social risks)议题。新社会风险是相对于工业社会中大多数工人阶级所经历的老龄和疾病等旧社会风险而言,指的是因工业社会向后工业社会转型所导致的经济和社会变化使弱势群体经历特殊需要的可能性,这些风险包括有偿工作与家庭责任的平衡、弹性就业以及福利国家结构调整导致的社会供给的不可及性。新社会风险对那些无法获得充足的教育或训练,或者无法从家庭或国家那里得到儿童、老人服务的少数群体在其特定的生命阶段更为不利。③

三、后国家主义、生活政治与新社会运动

后工业主义与后国家主义、生活政治以及新社会运动息息相关,这些方面与后工业主义一道组成了社会政策的背景。

(一) 后国家主义

经济全球化宣告了国家经济主权的终结,民族国家过去用凯恩斯式的或者其他的手段管理经济,以求达到充分就业、控制通货膨胀和其他传统的国民经济和社会政策目标,但这样的时代已经走向终结。④

> 新的全球化时期不仅冲击了福利国家的经济基础,而且冲击了其公民把自己的财富等同于国家财富的信念。国家没有能力对经济生活提供有效的中央控制;同时,民族的主权能力也

---

① 安东尼·吉登斯:《第三条道路:社会民主主义的复兴》,第120页。
② 乌尔里希·贝克:《风险社会》,第38页。
③ 彼得·泰勒-顾柏编著:《新风险 新福利:欧洲福利国家的转变》(马继森译),中国劳动社会保障出版社2010年版,第2—21页。
④ 莫里斯·罗奇:《重新思考公民身份——现代社会中的福利、意识形态和变迁》,第42页。

因为全球化与社会反思的共同作用而受到破坏。①

后工业主义以及后国家主义都反映出传统的福利国家已经不再适应社会发展的需要，吉登斯认为我们的眼光不应只是停留在国家层面，而是延伸到国家之下的市民社会和国家之上的全球社会。此外，国家干预也需要改变为新的形式，它一方面涉及社会福利与经济体当中的财富创造之间的联系，另一方面涉及国家对其经济在全球竞争和合作网络中的定位能力。②

（二）生活政治

在全球化社会，个人成为网络社会中一个一个的节点，该节点上负载着个人多重社会角色，阶级认同的重要性遭到削弱。同时，阶级认同的符号象征发生了变化，"阶级主要不再体现为阶级，而是体现为多种多样原因导致的限制（和机会），阶级变得具有个人特征……越来越少地体现为集体的命运"，因此，吉登斯认为，在西方，"生活政治"取代了"阶级政治"。③生活政治往往同自我认同联系在一起，自我认同不是一个由个体所拥有的明确的特征，它是个体以其人生经历对自我所做的反思式的理解，同时，认同是行动者自身的意义来源，也是自身通过个体化（individuation）过程建构起来的。卡斯特认为，与角色相比，认同是更稳固的意义来源，因为认同涉及了自我建构（self-construction）和个体化过程。④

---

① 安东尼·吉登斯：《超越左与右：激进政治的未来》（李惠斌、杨雪冬译），社会科学文献出版社 2009 年版，第 107 页。
② 曼纽尔·卡斯特：《认同的力量》（曹荣湘译），社会科学文献出版社 2006 年版，第 305—309 页。
③ 安东尼·吉登斯：《超越左与右：激进政治的未来》，第 153—177 页。
④ 曼纽尔·卡斯特：《认同的力量》，第 5—6 页。

（三）新社会运动

在全球化时代，西方社会运动已超越阶级的范畴，开始表现为由环保主义者、少数族裔、同性恋群体、女性主义者等边缘群体主导的趋势。新社会运动往往与群体权利的伸张联系在一起。刘易斯认为，新社会运动有三个共同的立场：第一是所有这些新社会运动都在同一群体成员而非个人基础上争取平等权利；第二是他们都在寻求在社会群体之间争取更大的财富和权力再分配，而非仅仅要求增加个人机会；第三是他们都期待着将来有一个更广阔的福利国家版本。①

四、全球化下的社会政策理念

社会政策同时具有系统性和行动性的属性，这就要求对社会政策的研究需要将其置于制度性脉络和行动者抉择行为中进行分析。将制度性脉络和行动者的抉择行为很好连接起来的一个分析概念即是理念，理念是社会学宏观层次的话语视角和政治学里微观层次的行动策略的结合点，理念同时具有系统性（话语/文本）和行动性（实践性）特征，超越了主客两分法导致的结构决定论倾向以及行动的不确定性倾向。因此，理念这一概念的解释能力日益受到重视。影响现今社会政策的理念非常之多，本节仅从生态与发展、道德感、再分配还是承认三个维度进行讨论。

（一）生态与发展

自20世纪70年代，人们关注环境问题的意识大为提高，在人与自然的关系上，那种乐观主义的线性发展观开始受到质疑，人们越来越意识到将具体的环境保护方案纳入到发展项目中的重要性。这导致了生态

---

① 转引自彼得·德怀尔：《理解社会公民身份：政策与实践的主题和视角》，第63页。

发展方法（ecodevelopment approach）的形成，随后便促成了可持续发展概念的诞生。这样一来，环境便与其他关键性发展问题——经济增长、城市与人口问题——联系在一起。①

（二）道德感

社会政策领域对道德感的强调多与对马歇尔公民身份理论的批判联系在一起。该观点认为，从权责平衡的角度看，福利国家过分强调了公民的权利而忽视了人们应尽的义务，这导致了福利依赖，损害了人们的道德。秉持第三条道路的吉登斯批判把福利唯一理解为经济福利，而把精神的或非物质福利排除在福利制度之外的观点，认为这种生产主义的福利观制造了一种充满物质利益张力但失去了与社会的情感源泉相联系的生活方式，使福利国家陷入难以自拔的物质依赖泥潭。"福利在本质上不是一个经济学的概念，而是一个心理学的概念，它关乎人的幸福"②。无独有偶，威尔逊批判主宰当代争论的意识形态和学术取向一直寻求用选择的观点取代义务承担的观点，他认为人性中的普遍性并不在行为中而是在情感中，这种情感引发了道德感以及预先安排人们以一种特定的方式行为处事，并认为从进化历史中挑选出来的情感的四种范例包括同情、责任、自我控制以及公平，而行为是这种情感互动以及经济环境、社会结构、家庭系统的现实产物。③

（三）再分配还是承认

从现代社会福利的正统观点看，再分配着眼于资源占有的不平等问题，是福特主义时代政治斗争的焦点。理论上经过罗尔斯"分配的正义"等讨论，再分配寻求将传统的自由主义对个人自由的强调与社会

---

① 詹姆斯·米奇利：《社会发展：社会福利视角下的发展观》，第157页。
② 安东尼·吉登斯：《第三条道路：社会民主主义的复兴》，第121页。
③ 艾伦·迪肯：《福利视角：思潮、意识形态及政策争论》，第66页。

民主主义的平等主义加以综合的解决社会问题的出路。在这条理路上,差异问题虽然也被注意,但常常被归为边缘观点。与自由主义传统不同,"承认"这一术语来自黑格尔哲学,承认指明主体之间的一种理想的相互关系,其中每一主体视另一主体为他的平等者,并且该主体只有凭借另一主体的承认和被承认才能成为一个独立的主体,但同时也将主体视为彼此是分离的、差异的存在。承认强调差异,而倾向于认为再分配从属于承认,并认为分配理论是个人主义和消费主义的。[1]

第二节 全球化时代的社会政策

全球化是一个将世界上所有国家和区域卷入一个互相作用的网络场域的过程,全球化不仅对经济落后的国家而且对经济发达的国家也造成了冲击。作为应对全球化冲击力量的反应,出现了不同的社会政策举措。本节将简单介绍公民收入计划、社会保护底限、工作—家庭平衡计划以及区域性社会政策。

一、公民收入计划

公民收入计划是西方国家为解决后工业主义及后国家主义时期的社会问题的一种思路,可以被定义为向本国公民提供高于贫困线以上的收入。公民收入计划把税收和收益体系融合在一起,主要目的在于防止贫困,主要措施包括:

一是全体公民及其子女都能享受到"部分基本收入",其他类型的

---

[1] 南茜·弗雷泽、阿克塞尔·霍耐特:《再分配,还是承认?——一个政治哲学对话》(周穗明译),上海人民出版社2009年版;阿克塞尔·霍耐特:《为承认而斗争》(胡继华译),上海世纪出版集团2005年版。

人还可获得额外的补贴，如养老金领取者可以获得高至"全额基本收入"的补贴；

二是为了缓解贫困，鉴于住房开支占穷人日常开支的一大部分，所有公民都可根据其收入的多少获得住房补贴。

该计划的问题是它是一种收入再分配政策而不是一种经济生产政策，它与工作无涉，主张无条件的收入权利，这不免令人担心会削弱人们参与劳动力市场的动机。但是，从劳动力去商品化的角度来看，该计划赋予人们一种地位或独立于市场价格的价值，承认人作为人本身的价值，而不仅仅是经济制度中的劳动力商品。赞同与反对公民收入的意见详见表9-1所示。

表9-1 赞同与反对公民收入的意见

赞同公民收入的意见	反对公民收入的意见
打破了工作与社会权利的联结	打破了公民身份中核心方面的权利与义务的联结
引入去商品化的及与雇佣劳动市场脱钩的普遍性社会权利，将赋予普及的公民身份观念特别的意义与力量	执行太昂贵
将使税制与福利系统简单化	不是一个政治上可行的选择。人们不会投票给尝试引入公民收入的政党，因为它与通常关于福利主张与贡献的观点相悖

资料来源：彼得·德怀尔：《理解社会公民身份：政策与实践的主题和视角》（蒋晓阳译），北京大学出版社2011年版，第192页。

目前，芬兰、荷兰等国家正在试验这一政策。①

---

① 《芬兰的天上又掉馅饼了 芬兰当局计划每月给公民多发800欧元》，海峡财经网，2015年12月8日，http://www.qiyenet.net/article/2015-12-08/show253869.html，访问日期：2015年12月22日。

二、社会保护底限

"社会保护底限"（social protection floor）这一概念来自全球化社会影响世界委员会"社会经济底限"的想法，指的是向个人和家庭提供最低水平的社会保护并将其无可争议地作为全球经济中社会经济底限的一部分。[1]

社会保护底限被定义为国家的基本社会保障，来确保所有匮乏的公民在一生中能获得最低限度的必要健康照料及基本收入，用以共同保障有效获取在国家水平上被界定为必需的物品和服务。国家社会保护底限在国家层面上应该至少确保如下四类社会保障：

（1）获得必要的健康照料，包括妇产保健；

（2）针对儿童的基本收入保障，提供营养、教育、照料以及其他必要的物品和服务；

（3）向无力赚取足够收入的活跃年龄人口（persons in active age），尤其是当其处于生病、失业、分娩和残疾状况时，提供基本收入保障；

（4）针对老人的基本收入保障。

上述保障应服从既有的国际义务，按照国家法律和规定，向所有居民和儿童提供。[2]

三、家庭—工作平衡计划

福利国家是以家庭承担抚育赡养功能为前提的，主要特点是男主外、女主内的分工模式，家庭作为福利的一个直接提供者减轻了社会福

---

[1] 国际劳工局：《世界社会保障报告（2010—2011）——危机期间和后危机时代的社会保障覆盖》，第20页。

[2] http://www.ilo.org/secsoc/areas-of-work/policy-development-and-applied-research/social-protection-floor/lang-en/index.htm，访问日期：2015年10月7日。

利制度的运作负担。同时，女性远离劳动力市场也支持了男性充分就业政策的可靠性。但是，随着越来越多的女性参与劳动力市场以及随之而来的生育率下降，OECD 成员国家开始倡导工作和家庭平衡政策。①

传统上 OECD 成员国家对家庭的支持表现在对儿童的强制性初级及中级教育上，该类国家支出占 GDP 的 3%—4%。但自 20 世纪 80 年代开始，国家用在家庭给付（family benefits）上的平均毛支出（税前）从 1980 年的 GDP 的 1.6% 上升到 2.2%，甚至在有的国家高达 3%（澳大利亚、奥地利、丹麦、法国、挪威、瑞典）到 4%（卢森堡）。虽然 OECD 成员各国的具体政策措施不同，但是，所有政策模式都形成了从居家照顾婴幼儿，儿童照顾场所，学前、学校到课外照顾活动这样一个避免降低生育率的家庭支持连续统，包括 9—18 个月的亲职假（parental leave）（冰岛、丹麦和瑞典）和/或 3 岁前幼儿的在家照料（芬兰、匈牙利、挪威）以及早期照料、幼儿园、学前服务、初级教育以及课后照顾服务，瑞典还允许在孩子上小学前缩短工作时间。工作和家庭平衡政策的主要措施包括税收/给付系统（tax/benefit system）、亲职假以及工作场所实践，税收/给付系统指的是向家庭支付税式支出等给付，亲职假指的是父母可以休假来照料婴幼儿，工作场所实践指的是形成家庭友好的工作场所。

四、区域性社会政策

在后工业主义和后国家主义时代，在全球性和区域性的国际组织影响下，区域性社会政策逐渐增多。

---

① *Babies and Bosses-reconciling Work and Family Life: A Synthesis of Findings for OECD Countries*, OECD Publishing, 2007, pp. 17-25, http://www.keepeek.com/Digital-Asset-Management/oecd/social-issues-migration-health/babies-and-bosses-reconciling-work-and-family-life_9789264032477-en#page3, 访问日期：2015 年 12 月 13 日。

(一)国际组织

随着全球化进程以及全球风险的加剧,国际组织在社会政策领域里的作用日益显著,例如,亚洲开发银行(Asian Development Bank,ADB)曾经参与过中国的新型农村社会养老保险政策过程。[①] 表 9-2 是一些重要的国际组织。

表 9-2 全球性和区域性的政府间国际组织和国际非政府组织

政府间国际组织	国际非政府组织
全球性	**全球性**
世界银行	世界经济论坛
国际货币基金组织	世界社会论坛
联合国	国际自由劳工联盟
联合国机构,例如国际劳工组织,世界卫生组织,联合国儿童基金会	国际计划生育联合会
	乐施会,对抗匮乏组织(War on Want)
世界贸易组织	国际商会
经济合作与发展组织	国际医药行业协会
八国集团、七十七国集团、二十四国集团等	
区域性	**区域性**
欧盟	欧洲服务业论坛
北美自由贸易协定	欧洲工会联盟
南亚区域合作联盟	欧洲社会论坛
南方共同市场	亚洲社会论坛
加勒比共同体	关注南半球组织
南部非洲发展共同体	

资料来源:妮古拉·耶茨:《福利混合:全球化和超国家视角》,载马丁·鲍威尔主编:《理解福利混合经济》,第 239—240 页。

---

① Hyung Ju Lee 主编:《中国农村养老保险制度改革与发展研究报告——可持续性分析》,中国经济出版社 2011 年版。

（二）区域性社会政策

区域性社会政策可以以欧盟为典型范例。1957年的《罗马条约》见证了欧洲经济共同体的成立，该条约主要提倡经济目标，而不是直接发展广泛的社会政策，但成员国仍然同意为流动工人提供共同的社会福利保障，并在雇佣法律、工作条件等方面紧密合作，同意建立欧洲社会基金以鼓励工人参加培训与劳动力流动来对抗失业。社会议题在20世纪90年代更多地走向前台，同时，其话语逐渐将重点从工人的权利转向对更为普遍诠释的公民权利的关心，并在《欧洲共同体条约》（TEC, 1997）第17条款中的"联盟公民身份"的宣布中正式走向成熟，其权利包括：在欧盟内自由迁徙与居住的权利，在地方性的与欧洲水平的选举中投票与成为候选人的权利，有权（如果有必要）在另一成员国治下申请外交保护，向欧洲议会请愿的权利。[1]

虽然这一欧洲联盟公民身份缺乏社会维度，且支撑欧盟社会政策的原则是辅助性与非歧视的原则，即成员国保留了在他们的边界内部来组织、发放福利的最后责任，但其超越国界的区域性整体观却可能体现着社会政策的未来趋势。

五、中国社会政策的未来

自20世纪七八十年代的改革开放及之后加入世界贸易组织开始，中国也不可避免地卷入到全球化进程之中，在国内外各种力量的影响下，中国社会开启了全方位的转型过程。社会政策尽管开始是作为为经济体制改革保驾护航的剩余范畴出现，但诸如养老、医疗、失业、工伤等社会风险逐渐裹挟进大部分人口，加之人口老龄化、在全球经济体系

---

[1] 彼得·德怀尔：《理解社会公民身份：政策与实践的主题和视角》，第161—164页。

中世界工厂的位置等因素，使得社会政策研究的重要性逐渐凸显。

在全球化和风险社会的语境下，对中国社会政策的未来的思考，可能与贫富差距过大、国家—市场—社区（包括家庭）三者之间的关系、城镇化中的农民生计维持问题、民族关系问题等议题紧密相关。中国社会政策学可能既需要经验研究又需要理念上的超越，才能应对上述社会问题、提升公民福利。

本章小结

本章讨论了全球化与社会政策理念、全球化时代的社会政策。

第一，全球化是一个将世界上所有国家和区域卷入一个相互作用的网络场域的过程，它试图抹平区域间的差异，但同时又往往激起因本土抵抗导致的分化。

第二，在社会政策领域，全球化因对国家权威的负面影响进而被确定为对福利国家制度的重大威胁。后工业主义、风险社会、后国家主义、生活政治与新社会运动等都对福利国家的福利观念形成了冲击。全球化下的社会政策理念注重生态与发展、道德观、承认等议题。

第三，作为应对全球化冲击的反应，出现了公民收入计划、社会保护底限、家庭—工作平衡计划以及区域性社会政策等社会政策举措。

后　记

　　社会政策是一个多学科共同关注的研究领域，它似乎和经济学、哲学、政治学、社会学、行政管理学这样的传统学科没有清晰的边界，这固然对社会政策是否已经成为一门独立的学科提出了挑战，但从另一面则说明想要深入理解和研究社会政策，可能需要多学科视角。出于上述考虑，本书试图打破政治、经济、社会、行政管理等学科的藩篱，在保持整体框架系统性的同时，力图结合多学科视角，参考中文、英文、日文和韩文四种文献资料，对相关主题的历史脉络、基础性概念、基本原则、主要内容、理论视角等进行了介绍和讨论。本书内容难易结合，可作为本科生、研究生的教材用书以及一般研究人员的参考用书。

　　本书得益于作者在韩国成均馆大学社会科学部社会福祉大学院、北京大学社会学系、北京大学政府管理学院对社会福利政策、社会学、政治经济学的学习，谨此向洪炯俊教授、王思斌教授、朱天飚教授、刘世定教授、熊跃根教授等诸位师长表示深切的谢意。同时，本书中关于中国医疗保障体系、养老保障体系、工伤保障体系、公共救助体系的部分图示得益于人力资源和社会保障部社会保障研究所的王宗凡研究员、谭中和研究员、张军研究员以及民政部社会救助司田固处长，谨此表示感谢。此外，还向对书稿目录结构等提出建议的邓锁、吴利娟等朋友以及北京大学出版社的编辑董郑芳女士表示谢意。需要说明的是，虽然作者已经付出心力，但因研究水平所限，不足之处敬请批评指正。

教师反馈及教辅申请表

北京大学出版社本着"教材优先、学术为本"的出版宗旨,竭诚为广大高等院校师生服务。为更有针对性地提供服务,请您认真填写以下表格并经系主任签字盖章后寄回,我们将按照您填写的联系方式免费向您提供相应教辅资料,以及在本书内容更新后及时与您联系邮寄样书等事宜。

书名		书号	978-7-301-	作者	
您的姓名				职称职务	
校/院/系					
您所讲授的课程名称					
每学期学生人数	_____人_____年级			学时	
您准备何时用此书授课					
您的联系地址					
联系电话(必填)				邮编	
E-mail(必填)				QQ	
您对本书的建议:				系主任签字: 盖章	

我们的联系方式:

北京大学出版社社会科学编辑部

北京市海淀区成府路205号,100871

联系人:董郑芳

电话:010-62753121/62765016

传真:010-62556201

E-mail:ss@pup.pku.edu.cn

新浪微博:@未名社科-北大图书

网址:http://www.pup.cn